コーチにとって大切なのは、「選手はなぜそういう決断をしたか」を考えること。

ラグビー日本代表ヘッドコーチ

エディー・ジョーンズとの対話

コーチングとは「信じること」

生島 淳
Jun Ikushima

文藝春秋

目次

Try 4

勝つための組織作り

Try 5

革命の起こし方

装丁　番　洋樹
カバー写真　杉山拓也
ＤＴＰ　エヴリ・シンク

ラグビー日本代表ヘッドコーチ

エディー・ジョーンズとの対話
コーチングとは「信じること」

プロローグ

エディーさん、と書くことにする。

情熱的で、自分に厳しく、そして周りの人間にも高いレベルを要求する人。読書家であり、スポーツを見るのが大好きで、オーストラリア人で野球を解する稀な人でもある。

語り合っているとシリアスな話題が多いのだが、ふとしたきっかけで乾いたユーモアを挟み込み、しばらくしてから悪戯っぽく笑う。

だからなんとなく、親しみを込めて「エディーさん」と書くのが自然な気がする。

エディーさん率いるラグビー日本代表は、2015年秋、イングランドで開かれるワールドカップに挑む。

これまで7回連続で出場してきたものの、日本代表の戦績は1勝21敗2分け。前回、2011年のワールドカップでは元オールブラックスのレジェンド、ジョン・カーワンに率いられたが1分け3敗という結果に終わった。私は最終戦となったカナダとの試合を現地で観戦したが、試合前のアップではカナダの方が団結力、集中力が感じられた。その部分では、決して劣って欲しくなかったのだが……。これまで、日本代表は世界の強豪に勝つどころか、互角に戦うことすらかなわなかったのだ。

その風土をエディーさんは変えようとしている。いや、すでに変化を起こしている。

２０１２年にエディーさんがやってくると、まずは日本で生まれ育った選手の割合を増やした。特に「ディシジョン・メーカー」と呼ばれる2番、8番、9番、10番、12番、15番といった主要ポジションに日本人を配したのである。合宿での練習は、ある選手の言葉を借りれば「まるで、高校や大学の夏合宿みたいです」というほど厳しかった。

結果はすぐについてきた。２０１３年には史上初めて、ウェールズを23対8で破った。２０１４年にはこれまた初めてイタリアに勝ち、秋にはマオリ・オールブラックスに後半38分の時点までリードしていた。もはや、負け犬ではない。

どれもが素晴らしい試合だったが、記者会見でのエディーさんはいつも淡々としていた。

イタリアに勝ったときは、

「もっと、楽に勝てたはずです」

とむしろ、苦虫を嚙み潰すような表情を浮かべていた。

勝って、喜ばず。ターゲットは2015年の秋に向いていた。

ワールドカップに向けて、合宿先の宮崎ではミーティングルームに激しい言葉が並んでいた。

「歴史を作れるチャンスは一度だけ」

その機会が、もうすぐ目の前にある。そして、こんな言葉も――。

「義を見てせざるは　勇なきなり」

自分が成すべきことを知りながら、行動に移さない人間は、勇気がない。選手たちに自覚を促す言葉が目に飛び込んでくる。エディーさんはいう。

「ワールドカップでは、日本のスタイル『ジャパン・ウェイ』を世界に示して、驚かせなければいけません」

ミッションを背負った戦いだ。


エディーさんのことを語るときに、欠かせないのはその出自である。オーストラリア人の父親と日系アメリカ人2世の母親との間に生まれたハーフなのだ。たしかに、オリエンタルな面影がしっかりと刻まれている。

「生まれ、育ったオーストラリアで私が生き残るためには、何かを証明する必要がありました。

ふたりの姉がいますが、上の姉は建築家、二番目の姉はドレスのデザイナーをしています。彼女たちのクリエイティビティはアートに向かい、私はスポーツに向かいました。オーストラリアではスポーツが万能であれば、みんなが認めてくれて、コミュニティに受け入れてもらえます。私にとっては、それがひとつのモチベーションになったのです」

ラグビーはアイデンティティを確立するための重要な手段だったのだ。

そして楕円球との付き合いは、プロ化の時代を迎え、仕事へと発展した。

1996年に来日して、東海大学で学生たちを教えたことが、プロのコーチとしてのデビューとなる。翌1997年にはスーパーラグビー（南半球のオーストラリア、ニュージーランド、南アフリカの3カ国のチームで構成されるリーグ）のブランビーズのヘッドコーチに就任し、4シーズン目で優勝。その後、オーストラリア代表（ワラビーズ）を指揮し、2003年の地元開催のワールドカップで準優勝に導いてもいる。

紆余曲折を経て、2011年のシーズンにはサントリーを率いて日本選手権で優勝。2012年4月からは日本代表のヘッドコーチに就任した。

なぜか、日本と縁が深いのだ。

「日本は私のルーツ。その国に恩返しができればと思っています」

その言葉通り、就任以降の3年間で、日本代表はウェールズ戦、イタリア戦なども含めてテストマッチ（国の代表同士の公式試合）に11連勝し、世界ランキングは過去最高の9位に入るまでに力をつけてきた。

2015年秋にイングランドで開催される第8回ワールドカップでの目標には、「ジャパン・スタイル」を世界に示してベスト8に入ることを掲げている。そのために、ワールドカップに向けた宮崎での長期合宿の場で、エディーさんは、「世界を驚かせるんだ。歴史を変えるんだ」と選手たちを鼓舞している。

なぜ、これまで弱かった日本代表は、世界の強豪と互角に戦えるまでに力をつけたのか。そして、日本らしさを生かして世界に勝つための思考法とはいかなるものなのか――。

本書は、延べ10時間以上に及んだ、エディーさんとの対話の記録である。

対話のなかで、私は日本人であることをずいぶんと考えさせられたし、ときには世界で戦ってきた人ならではの厳しい言葉に耳が痛くもあったが、ラグビーというスポーツは、日本、いや、世界各国の社会情勢や文化を映す鏡なのだと改めて感じる機会にもなった。

本書は、ラグビーから世界を考えるテキストにもなった。

Try 1

コーチングはアートである

コーチングと芸術が結びつくとき

エディーさんがプロのコーチになってから、およそ20年。自分自身を、どんなタイプだと分析しているのか興味があった。

「私が学生のときは、自分自身を証明する手段がラグビーでした。若いときは強烈なキャラクターだったと思いますよ。『みんなが俺くらい仕事をすれば、絶対に勝てるはずだ』と思っていましたから。勝つことしか頭になくて、どうしてみんなは同じようにプレーしないんだと不満に思っていました。引退して、1995年にラグビーがプロ化されてからは、お金をもらってラグビーのコーチをすることができるようになった。大好きなラグビーで食べていけるんですから、私にとっては最高の仕事です。私も若いときとは違って、だいぶ我慢強くなりました(笑)。いまは、あらゆる情報を使いながらコーチングをする時代です。その情報を組み合わせて、どのように選手に伝えるのか臨機応変の対応が求められます。私にとってコーチングは

『アート』なんです」

今回の対話のなかで、もっとも鮮烈な印象を受けたのは、「コーチングはアートなんです」と、エディーさんが再三再四、口にしたことだった。

英語圏ではヘッドコーチの手腕を評価するとき、しばしば使われることがある言葉だ。

日本ではスポーツと芸術はなかなか結びつきにくい。むしろ、対極にあるものとして捉えられかねない。私たちがアートと聞いて、まず思い浮かべるのは絵画や音楽といったものだろう。しかし、エディーさんはコーチングという抽象的な概念のなかにこそ「アート」が潜んでいるという。

「試合に向けて練習計画を練るのはコーチの仕事です。では、練習をどうやって計画していくのか？　そのベースになるのはサイエンスで、科学的なデータなどをもとに具体的なメニューを作っていきます。たとえば、１週間にどれくらい練習した方がいいのか、そうした計画は科学的な裏付けに基づいていなければなりません。ただし、ラグビーのような団体競技の場合、同じプログラムを選手全員に渡したとしても、そのメニューに対して期待通りの反応をする選手と、そうでない選手が出てくる。ひょっとしたら、何らかの理由でまったく反応しない選手が出てくるかもしれない。では、どうするのか？」

そこにコーチとして工夫するべき課題があるという。

「選手一人ひとりにとって、何が必要なのか、それを見極めるのがコーチングにおける『アート』なんです。選手個々の能力を引き出すためには、どのようなコミュニケーションを取るべきなのか。それこそ数限りないケースが考えられるわけです。その見極めにこそ『アート』が生まれる余地があります」

ラグビーの日本代表チームの場合、ワールドカップに向けての第三次候補選手には39人が選ばれた。すべての選手を観察していくのは並大抵のことではない。

「やらなければいけません。それがコーチの仕事なのです。観察をしなければ、選手から最大限のパフォーマンスを引き出すことは不可能です」

そこでエディーさんは、図表を書き出し、「チーム編成における能力別の割合」を説明してくれた。

「ひとつの集団があるとします。分かりやすくするために10段階評価とすると、9〜10の評価の選手が10%、1〜2の評価の選手も10%ほどいます。3〜8までの評価に当てはまる選手が残りの80%ほどになります。これはラグビーに限らず、たとえば会社、学校などの組織でも一緒でどの集団でも平均分布になるはずです。コーチとしては、上位10%にいる選手のことはあまりケアをする必要はありません。常に期待通りのパフォーマンスをしてくれますから。では、集団を強くしようとするなら、どうするべきなのか？　下位の10%にいる選手たちを、中位集団に引き上げていくのです。そうすれば、1～2の評価の選手を5%にまで減らすことができる。私はそれを常に目標としています」

実際にグラウンドでは、下位10%の選手たちの指導に時間を割くという。この選手たちが「ボトムアップ」してくれれば、その集団は勝利に近づいていくという発想だ。

「7から10の評価に当てはまる選手たちについては、スタッフに任せてもいいでしょうね」

アートの実践である。

そしてエディーさんは、思いつくままにアートの実例を挙げていった。

日本代表では試合中にグラウンドに寝ている時間を減らし、15人全員が立ってディフェンスすることをエディーさんは要求している。練習では寝ている時間までもが数値化され、翌日の練習で最も数値の悪かった選手はピンクのビブスを着て練習をさせられる。自覚を促すための一種のペナルティだ。では、一日の練習が終わったとき、そうした下位の選手たちの「感情」にどのように向き合うのが効果的なのか。

「無数の向き合い方があります。選手、いや、人間というのは千差万別ですよね。まず、どんなタイプの性格なのか見極める必要があります。試合に向けて準備をしていく一週間のうち、週の前半はコミュニケーションをたくさん取りたいけれど、試合が近づいてきたら、あまりコーチとは話したくない選手もいる。その反対の選手もいます。それを面倒だと思いますか？

私はそうは思いません。面白いと思います。その見極めこそが、まさに『アート』なんです」

なんのことはない。アートは日常に潜んでいるのだ。

日本人はその重要性に気づいていないだけで、ちょっと意識を変えれば、日々の活動に芸術が眠っていることが分かるはずだ。コーチングにおける芸術性は極めてシンプルである。

ここでエディーさんは、アメリカの競馬界で大きな成功を収めた調教師ウェイン・ルーカスの言葉を引用した。

「『どのサラブレッドにも速く走らせる方法はある。調教師（トレーナー）の仕事は適した方法を見極めるだけだ』。これこそが、アートなんです。コーチの仕事はいかにそれぞれの人間の能力を最大限に引き出すか、それにかかっています」

規律と楽しさは矛盾しない

選手の持っている能力を最大限に引き出すためには、様々な方法を駆使する。

プロのコーチとして成功し、生き残っていくためには、様々なスキルや具体的な方法を持っていなくてはならない。

「コーチングはビジネスです。しかし、ビジネスだからといって楽しんではいけないということはない。人間の活動ですから、楽しめる要素を入れるのは大切じゃないですか？」

ビジネスの中の楽しさ。この分野で創造性を発揮できるコーチが日本には少ないかもしれない。練習にユーモアや楽しさを持ち込むことが不得手なのだ。それは日本人のスポーツに対する価値観、そしてスキルの不足が背景にある。

「世界的に見て、成功を収めているチームは例外なく『ハードワーク』を厭わないチームばかりです。しかし、コーチとしてはハードな中にも楽しめる要素を入れてあげなければいけない。なぜなら、楽しむ要素があれば、選手はより懸命に、ハードな練習に取り組めるからです」

日本でのコーチングの難しさは、楽しむ要素が入ってきた途端に、「ディシプリン（規律）」が乱れると考えている指導者が多いことにある。しかし、エディーさんは楽しさと規律は矛盾しないという。

実際に、成功しているチームを構成する要素には次のようなものがある。
・ハードワーク
・楽しさ
・規律（ディシプリン）
・柔軟性（フレキシビリティ）
それを踏まえたうえで、エディーさんはコーチングの現場でのマネージメントの実例を挙げてくれた。

「規律と楽しさや、規律と柔軟性は決して矛盾しません。たとえば、チームとして絶対に外せないこと、フィットネスのトレーニング。これは勝つためには絶対に必要なものですから、選手には例外なく取り組んでもらう。まさにチームの規律に含まれるものです。ただしそこから先、選手たちは月曜日にフィットネスのトレーニングをしたいとリクエストしているけれど、コーチとしては火曜日にそのプログラムを組みたい。こうした意見の対立があった場合、どうするのか？　私はディスカッションをすればいいと思っています。こういう部分では、柔軟に対応した方が効率が上がりますし、選手たちも参加意識が強くなる」

柔軟性を保ちながら、規律も維持する。ラグビーでは「ディシプリン」という言葉はそのものずばり反則数を表すし、より深く考えれば「反則をしないように、自らを律する」という意味で使われることが多い。その根本には、選手は苦しい状況に追い込まれ、どうしても我慢できずにペナルティを犯してしまうという考え方がある。しっかりと自分を律することが出来れば、ペナルティは少なくできる、と。

「自分を律することがチームの利益になり、他のメンバーから尊敬されるために必要なことだと教えればいいのです」

この言葉の使い方は多岐にわたっていて、たとえば日本のプロ野球では、「髪の毛は黒く」「髭は伸ばさない」「ネックレスはしない」などといった身だしなみについてまで「規律」というくくりで報道されたりする。しかし、エディーさんは、「規律は選手の中に宿る」という。「チームの決まり事やペナルティを犯さないということだけが規律ではありません。本来、『生活のなかで正しいことをする』のが規律なのです。練習後、家に帰って、次の日のために食事をしっかりととって、ストレッチをやって、十分な睡眠を取る。こうした当たり前のことを、規律がある選手は何も言わなくても出来るけれど、規律がない選手は出来ないのです。規律が守られてこそのパフォーマンスではないでしょうか」

海外のアーティストたち

規律や楽しさを十分に使いこなせるコーチは、まさに「アーティスト」と呼ぶにふさわしいとエディーさんは考えている。

なかでも、ここ数年、ヨーロッパのサッカー界で大きな影響力を誇ってきたバルセロナ、そして現在はバイエルン・ミュンヘンを率いるペップ・グアルディオラの指導法には学ぶべきところが多いという。実際にバイエルンの練習を現地で視察し、数多くのヒントを得てもいる。

グアルディオラは選手としてバルセロナで育ち、コーチとしてはメッシなど、スーパースターと美しいサッカーを作り上げてきた。ファッション、ワイン、芸術への造詣も深く、ピッチ上でも美を追求する。ただし、四角四面ではなく、柔軟性がペップの持ち味だとエディーさんはいう。

「ペップがアーティストだというエピソードがあります。かつて、2013年にヨーロッパ・スーパーカップでチェルシーと戦ったとき、試合は延長戦でも決着がつかずにPK戦にもつれこんでしまった。円陣を組み、選手はペップに士気をたかめるようなスピーチを期待していたのに、ペップはこう言ったそうです。『私はPKの蹴り方を知らない。だから人生で一度も蹴ったことはない。しかし、ここに世界一のPKの名手がいる』」

そのとき、グアルディオラはオリンピックの水球の金メダリストで、バイエルンのスタッフになっていたマネル・エスティアルテにアドバイスを求めたという。水球では、試合におけるペナルティシュートの持つ意味合いが大きく、それだけ研究も進んでいた。そして、ポイントをふたつに絞って、選手たちに水球から学んだアドバイスをした。

「ひとつは『ペナルティスポットに行くまでに、どこにキックをするか決めること』。そして一度決めたら、歩いていく間にそれを絶対に変えてはいけない。そしてもうひとつは、『絶対に入ると自分に言い聞かせる』ということ。選手にそれだけ伝えると、『誰が蹴るのか、順番も自分たちで決めていい』と言ってペップはベンチに戻ってしまったんですよ（笑）。なぜだか分かりますか？　誰が蹴っても同じ結果になるから。つまり、このふたつのポイントを守れば、誰が蹴っても全員が入れるし、結果は同じだから、と」

このペップのとった方法は極めてユニークでありながら、真に有効な手法だという。「自分はお前たち（選手）を信頼している、というメッセージを伝えることに成功しているからです。これこそがコーチングにおける『アート』です。絶対に勝たなければならない試合で、カギとなる場面がいきなり到来したときに、意外な言葉をかけることで、選手たちに自信を持たせたんですから」

その円陣で、選手は「PKを蹴りたい」と手を挙げた順番にPKを蹴り、5人全員が決めて、グアルディオラがバイエルンに移って初のタイトルを手にした。アートが選手に自信を与えたのだ。

日本人はアートという言葉を、芸術関係のものとして捉えてしまう「固定観念」が強すぎるのかもしれない。

スポーツの現場にも、アートは存在する。

そのことをより意識するようになれば、監督やヘッドコーチの仕事に対する考え方も変わってくるはずだ。

「監督」と「ヘッドコーチ」の違いは何か？

いま、何気なく「監督」と「ヘッドコーチ」という言葉を使ったが、日本ではこの二つの言葉がかなり曖昧に使われている。

おそらく、こうした状況が起きているのは、日本のプロ野球に起因している。かつて、チームのいちばん上に監督がいて、その下にヘッドコーチをおくという体制を取っていた球団があったからだ。

野球は日本でいちばん報道量が多いスポーツであり、そこでひとつの言葉が流通すれば、その使い方が定着していく。だから、日本では、「監督がいちばん偉くて、ヘッドコーチはその補佐役」というイメージが定着してしまった。

しかし、海外では、野球、サッカーではグラウンドの指揮官のことを「マネージャー」と呼び、ラグビー、アメリカン・フットボール、バスケットボールなどでは指揮官のことを「ヘッドコーチ」とはっきりと分けて呼んでいる。

日本のマスコミは手抜きをして、一時期まではマネージャーもヘッドコーチもすべて「監督」と訳していた。だから、誤解が広がってしまった。

エディーさんは日本代表を「ヘッドコーチ」という立場で指導しているが、「監督」との違いを明快に教えてくれた。

「英語でも、ヘッドコーチはそのまま『ヘッドコーチ』です。日本語の『監督』は、英語では『ディレクター』にあたります」

ここで整理しておくと、「ディレクター」とはチームを「マネージメント」によって運営する統括責任者のことだ。ディレクターはヘッドコーチに誰を起用するかを決めることも出来るし、予算の管理、スポンサーとの折衝なども仕事の一部になってくる。また、スキルがあれば、コーチングに携わることもある。誰と誰を組み合わせれば、最高の力を発揮できるか、それを考えるのもマネージメント面での「アート」だ。

一方、英語におけるヘッドコーチは練習と試合における、「現場の最高責任者」と理解すればよい。日本では、言葉の定義が曖昧なために、「職能」の違いがしっかりと理解されていないのだ。

「トップリーグの状況を見てください。監督という立場で、普段はグラウンドのコーチングにかかわっていないのに、試合になったら口を挟んでくる人もいる。不思議ですねぇ（笑）。ヘッドコーチがチームのパフォーマンスの責任者だという役割を明確にして、監督は、ゲーム当日はすべてを任せればいい。日本ではそのあたりの職能の定義が曖昧です。もっと、言葉の意味を真剣に考えた方がいいと思います」

エディーさんがマネージメントや指導の参考にしているヨーロッパ・サッカーの場合、有名クラブのマネージャーにはディレクターの仕事を含む大きな権限と責任がある。

「チェルシーのモウリーニョやアーセナルのベンゲル、バイエルンのグアルディオラなどは、選手の獲得をはじめとして、クラブの運営に深く関わっています。ディレクターとしての性格が強いんです。そして、彼らはグラウンドを愛している。マネージャーというだけでなく、ヘッドコーチ的な役割も十分に担えるんです。一方、マンチェスター・ユナイテッドを率いていたアレックス・ファーガソンは、グラウンドでのコーチングというよりも、実際にはディレクターとして組織を統括していた人物だったと思います。もちろん、練習にもしっかり目を光らせて、チームに何が起きているかは把握していたようですが」

では、エディーさん自身はどちらのタイプなのだろうか。

「ディレクターであり、ヘッドコーチであり……。今までのコーチングのキャリアを通じて、そうした立場で仕事をしてきました。ただ、根っこにあるのは私の楽しみがコーチングにあるということです。選手たちと一緒にグラウンドに出て、実際に指導するのがいちばん楽しい時間なのです」

コーチングが好きである——と聞いてしまうと、どうしてもディレクターとしての業務よりも、コーチングに仕事の比重を置いているように思われるかもしれないが、エディーさんは強い組織作りのためには優秀なディレクターが欠かせないと力説する。

たとえば、アメリカでは高校、大学の運動部のマネージメントは「アスレティック・ディレクター」（AD）が統括し、ADがヘッドコーチを選ぶ権利も持っている。エディーさんはアメリカのスポーツにも詳しい。

「ADはグラウンド以外のマネージメントをする。ヘッドコーチはグラウンドの最高責任者。そこにはハッキリとした仕事の区分があります。私が育ってきたオーストラリアでは、また違います。ヘッドコーチがいて、そこにマネージャーがつきます。マネージャーは、マーケティング、スポンサーとの折衝などのビジネス面での仕事が多く、グラウンド以外の仕事はマネージャーがこなしていくシステムです。仕事上のパートナー的な存在といっていいでしょう。日本では監督、ヘッドコーチ、マネージャーなど、役職の名前はそろっているのに、それぞれの仕事の定義が曖昧なのが問題ですね」

武士道的精神主義の弊害

「曖昧さ」というのは、日本文化の特質だろう。

仕事の電話などでも、結論がうやむやなのに「そこのところひとつよろしく」などと言って短い会話で終える場合がある。一方、海外でのビジネスでは、細かい条件などまで明確に話し合うので、電話での会話も長くなる。「自分の仕事はここまで」という線引きをはっきりさせなければならないからだ。ある意味では、リスク回避の手段でもある。

エディーさんは、仕事の曖昧さだけでなく、日本では指導の現場に武士道的な精神主義が根強く残っていることも、クラブの運営やチームの強化の足を引っ張っているという。

「これまで、たくさんのラグビークラブの練習を見学してきましたが、日本はいまだに精神主義的な色彩が強いと感じます。どれだけつらい練習や痛みに耐えられるかといった誤った考え方がまかり通っている。これはたぶん『武士道』の名残りなのでしょう。そういう精神主義でクラブを運営していったとしても、いいラグビーチームになるとは到底思えません。精神主義的なクラブの運営や練習方法は、スポーツとは言えないですよ。きっと、日本はスポーツの定義についても曖昧なんです」

ここで、エディーさんが「武士道」の分かりやすい一例として挙げたのが相撲である。

「以前、相撲の稽古の見学に行ったことがありますが、相撲はスポーツというよりも文化的なセレモニーの要素が強いと感じました。もちろん、相撲はとても価値のある伝統的な日本の文化です。ただし、スポーツとは言えない部分が多いのもまた確かでしょう」

相撲の儀式的な動作は、たしかにセレモニーとしての要素が強い。強化の観点からも、科学的なトレーニング理論の導入は後回しにされているように見える。

「私は相撲の力士をトレーニングしてみたいと思うことがあります。体も格段に大きく、運動能力に優れた力士も多い。これまでは科学的な根拠がないままにトレーニングをしてきた世界に、サイエンスを導入したらどうなるのか？　もしかしたら横綱を育てるのも夢ではないかもしれない」

伝統や格式、古いしきたりに支配されてきた世界にサイエンスを導入するには、発想を柔軟にしなければならない。たしかに、これまで伝統を重んじてきた世界であればあるほど、発想を自由にすることで得られる見返りも多いのかもしれない。

エディーさんは日本人に「スポーツとはあくまでリクリエーション（recreation）の一部」という発想を持って欲しいという。

「本来、リクリエーションとは、何かをもう一度創造するという意味の言葉です。日本では、『レクレーション』と発音されて娯楽的な意味合いを帯びているようですが、それとは全く違う種類のものです。スポーツは本来の意味でのリクリエーションの一部であり、人間の人生においてエネルギーや活力を与えてくれる活動です、それこそがリクリエーションの本質なのです」

リクリエーションの延長線上に、はじめて勝利を目指すスポーツがある。

アートとマネージメントのバランス

リクリエーションを促進していくには、コーチ自身がアーティストになり、マネージメントにまで気配りをしなければならない。

アートとマネージメントのバランス。これが世界のトップで活躍するコーチたちには、絶対不可欠な要素だ。

こう書いてしまうと、海外にしかそうした資質を持った人物がいないように思われるかもしれないが、もちろん日本にも存在する。エディーさんが「素晴らしいマネージャー」といって挙げたのが、読売巨人軍の原辰徳監督だ。

エディーさんは２０１３年に原監督と会って、マネージメントやコーチングについて語り合ったことがある。そこで、なによりも印象深かったのは、原監督のマネージメント・スキルだった。

「球場で指導の現場も拝見したのですが、それぞれの選手が何を必要としているのかを、しっかりと見極めて適切な話し方をしていました。ジャパンの合宿にも来てもらい、スピーチをしてもらいましたが、内容、話し方ともに素晴らしかったですね」

原監督が第２回ワールド・ベースボール・クラシックの監督を務めたときのエピソードも忘れられないという。

「代表選手を選考する際に、レギュラーの選手からではなくて、出場する機会は限られるかもしれないけれど、どんな立場になってもハードワークしてくれる選手をまず選んだ、と。そうすればチームは機能すると原監督は見抜いていたんです。これこそが、『アート』です」

野球の監督の場合、アートの要素が多いというのがエディーさんの見立てだ。90％はアート、残り10％がサイエンス。

「グラウンド上だけでなく、組織の上層部なども含めて様々な人からプレッシャーをかけられる場合――これは伝統的なチームにはありがちですが――マネージメントにおけるアートの部分が重要になります。原監督は選手だけではなく、スタッフ、管理部門の人間に対しても素晴らしいマネージメント・スキルを発揮しています。もし、原監督が英語を話せるのであれば、海外に行ってもすぐに良好な人間関係が作れるでしょう。メジャーリーグでも成功するマネージメント力を彼は持っていると思います」

私の取材経験でも、原監督は初対面の人間にも旧知の人間のように接することができる日本では希有な指導者だ（柔道の山下泰裕、そして亡くなった十八代目中村勘三郎もそうした対人能力を持っていた）。

「原監督と話していると、選手たちは『自分は必要とされている』と感じられるんじゃないでしょうか。それもたくさんの人と接してきて、自然と身につけた能力かもしれませんね」

巨人軍の監督にアーティストの一面を見る。そこがエディーさんの視点の面白いところだ。

Try 2

コーチングの流儀①

アイデアをいかに生かすか

病気をして気づいたこと

何度か会って話を聞くうちに、私はエディーさんがコーチングに魅せられ、傍から見れば「ワーカホリック」と思われるような働き方をしていると感じるようになった。ラグビーに時間を費やすことが、何より楽しみなようだ。それ以外の時間は、スポーツの観戦（サッカー、NBA、メジャーリーグ……）、そして読書が大半の時間を占めている。

そんなエディーさんは、日本代表が着実に力をつけ始めていた2013年秋、軽度の脳梗塞を発症してしばらく現場を離れることになった。

後遺症もなく、翌春には復帰を果たしたが、病気の経験は自分の生き方をあらためて考え直すきっかけにもなったという。

「病気になったときに、自分は何をしたいのか、それをプランとして書き出してみました。そして、そのプランを達成するためには何が必要なのかを考え、生活の規律を守って、実現可能なように一日、一日を暮らしていこうと考えるようになったんです。病気をしたことで、自分の生活を見つめ直しました」

単に情報を頭の中に放り込んでおくのはエディーさんのスタイルではない。一度、紙に書くことで考えを整理するという作業を好む。

「朝、起きて、思いついたことを5つくらい書きつけることが多いですね」

最近では様々なデバイスが開発され、携帯電話、タブレット端末などに自分のアイデアを打ち込んでおき、あとで整理する方法をとるビジネスマンも多い。

「私は常に書かなければ安心できませんでした。古い人間ですからデバイスではなく、紙にですよ（笑）。以前はノートを持ち歩き、その時々に思いついた考えをすべて書きとめていました。でも、ノートがたまっても、意外に過去にさかのぼって参考にするようなことはないんですね。なぜなら、考え方や感覚は常に変化するし、進化もする。もし、その中に役立つような考えがあれば、必ず覚えています。だから最近、ノートを持ち歩くのはやめました」

いま、エディーさんが使っているのはイタリアで買ってきたメモ帳だ。

「そのメモ帳に、自分がポイントだと思ったことを5つか6つ、書いておきます。そして、後になって自分の書いた内容に客観的な価値があると思ったらタイプしておきます。1週間に一度くらい、それをまとめた書類を作っています。ただし、厳密に必ず作ろうとはしていません。書類を作るために仕事をしているのではなく、あくまでコーチングが仕事ですから」

チームで起きていることに考えをめぐらせて、問題点は何かを把握する。そのための解決法は何かを考え、それをまた書いていく。

「病気になってからは、いろいろな気づきがありました。いいプランが見つかったとしたら、それをどのタイミングで実行すればいいのか。これまでは時機を見計らうことが大切だと思っていたのですが、いまは思いついたらすぐに実行に移した方がいいと考えるようになりました。もちろん、少し時間をかけて、より良いプランにしてから実行した方がいいという場合もあるでしょう。でも、結局は完璧なプランなどというものは存在しないので、早く実行に移してしまった方がいいと気づいたんです。その方が、プランを達成するチャンスが大きい。コーチングとは、あらゆる問題への素早い決断を求められます。決断して実行に移していく。時には、その判断がミスかもしれないのを承知のうえで」

病床で、時間がいかに貴重なのか、エディーさんは痛感したのではないか。だからこそ、とりあえず、やってしまおう！　というスタイルを貫くことにした。しかも、それは生まれ育ったオーストラリア流の発想法でもあるという。

「オーストラリア人は、とりあえず実行に移してから次のプランを考えるタイプです。やりながら解決していくという方法が好きなのです。しかし、日本人はみんなでディスカッションして、考えうる問題をすべてクリアーしてからでないとスタートしない。でも、忘れないでください。タイム・イズ・マネー、時間はお金なんですよ。1分1秒も無駄にはできない」

まさしくいま、エディーさんは限られた時間のなかで2015年のワールドカップ・イングランド大会へ向けての準備を進めている。本大会では過去2回の優勝経験を持つ南アフリカ、スコットランド、そしてサモア、アメリカの順番に対戦することになる。

勝つためのポイントをどのように設定するのか

大きな大会に向けてのチーム作り、コーチングとは、自分が描いたプランに沿って強化を進め、そのなかで発生する問題を解決していくことの繰り返しだ。

かつて、エディーさんは2003年のワールドカップで母国・オーストラリアを率いて、決勝まで駒を進めた。特に準決勝で本命と見られていたオールブラックスを22対10で破ったエディーさんの仕事は、「最高傑作」ともいえる試合だろう。

なぜ、この試合が最高傑作なのかというと、ワラビーズは準決勝のおよそ3カ月前、7月26日に地元・シドニーでオールブラックスに50対21と大敗を喫していたからだ。

ワールドカップのホスト国ということもあり、メディアではこの大敗でエディーさんに対する懐疑論も広まった。なんとか、8月16日の第2戦では敵地で21対17と接戦に持ち込むことに成功はしたが、本大会でもワラビーズが絶対的に不利だろうと誰もが思っていた。

「2003年の準決勝ではアーティスティックな要素はたしかに存在しました。コーチの仕事とは、大一番に向けて選手にメンタル的に準備をさせることです。大敗してから、私は選手たちに『準決勝でオールブラックスと再戦するんだ』と口を酸っぱくして、何度も、何度も言いました。では、どうやって準備を進めたのか。具体的にはあらゆる局面を分析して、改善すべきポイントを3つ、4つに絞りこんでいきました」

このポイントの設定が勝負の分かれ目となる。勝つために必要な要素を見極めても、解決していく時間が限られているからだ。多く設定すればいいというものではない。

「その設定がうまくいったのです。本大会に入ってからチーム状態が良くなって、準決勝の前には『オールブラックスに絶対勝てる』という自信を持って選手たちは試合に臨んでいました」

凡庸なコーチは、勝つためのポイントを発見できない。

欲張りなコーチは、改善点をたくさん見つけることはできるが、解決するための時間が足りなくなってしまう。

「1点差でも勝てるように、ポイントを絞り込むのは、やはり、アーティスティックな作業かもしれません。でも、チームや選手の状態を把握して考え抜けば、それは可能なんですよ」

コーチとは優秀なセールスマンでもある

戦略を立てて、選手に実践させる。

これがコーチの仕事だが、選手たちが戦略をどの程度理解しているかでその効果は大きく違ってくる。

今では、インターネットの発達やSNSによって、対戦するチームの情報も簡単に手に入れることができるようになった。それだけに、選手たちは情報の海で泳ぎ、ときには自分がどんな方法でコーチングされているのか疑心暗鬼にもなるだろう。

そこで、必要になってくるのが「セールスマンの素質」だとエディーさんはいう。

「まず、戦略を立てますよね。そして、それを選手に売り込むのもコーチの役割なんです。長年、一緒にチームを作ってきた優秀な選手であれば、少し説明しただけで戦略の意図を理解してくれます。でも、理解力が乏しい選手も中にはいるんです。そんな時は、コーチは優秀なセールスマンでなければいけない。選手に信じてもらうために、私は自分の戦略を必死で売るのです」

ユニークな見方だ。日本人コーチたちは「説得する」、「理解させる」といった表現を使うがエディーさんはダイレクトに「セールス」だ。

ただ、日本人選手の場合、売り込んだ「商品」をほんとうに買ってくれたのか判断がつきにくいとエディーさんは感じている。なぜなら、戦略を説明し、選手が「はいっ！　はいっ！」

と素晴らしい返事をしながらも、実はそのプランを買ってもらえていないということがしばしば起きる。

「実際に、グラウンドに出てみたら、まったく理解していないことがよくあるんです。本当に、がっかりします。さっきの返事はなんだったんだ？　って。これは、学生時代から指導者に対して従順に『はいっ』と返事をしてきた弊害です。日本人を相手にする場合は、返事を得るだけではなく、信じてもらう必要があります。だから、もう一回、いや、何度でも納得して買ってくれるまでセールスさせていただきます（笑）」

指導者にセールスマンの一面が必要だとは思いもしなかった。エディーさんは、特に新しい戦術を導入する場合は、営業的なセンスが重要になるという。

「なによりも、魅力的な面白いプランとして売り込まなければいけません。新しいプランのために、目新しい練習方法を導入したりもします。会社に勤めているみなさんが新商品を売り込む場合と、あまり変わりはないかもしれませんね」

エディーさんは選手に戦略をセールスし、試合に向けて練習計画を練り、実践する。言い方は違えども語っている本質は一緒だ。

そして、最終的に重要になるのは試合前の準備期間に、選手の気持ちを高められるかどうかだ。セールスの成就は、あくまでピッチの上での表現にかかっている。

このマインドセットも選手それぞれに合った方法があるようで、エディーさんはサントリー時代に思いもよらぬ経験もしている。

「センターにアラマ・イエレミアという素晴らしい選手がいました。試合を控えた水曜日、中心選手にケガ人が多く、それ以上ケガ人を出したくなかったのでコンタクト練習を控えたんです。ところが、その週のゲームではイエレミアのパフォーマンスが悪かった。試合が終わって、話を聞いてみると、『水曜日にコンタクト練習をしないと、自分は準備万端で試合に臨めないんだ』というんです。イエレミアはオールブラックスでも活躍した選手です。そんな彼でも、練習で得る自信というものがあるのだと、改めて学ばされました」

試合を前にした練習では、選手の「メンタリティ」にも配慮する必要があるという一例だ。これもアートの一部だろう。もしも、イエレミアに話を聞かなければ、原因は分からなかったのだから。

選手の性格を知るためのＭＢＴＩテスト

イエレミアの例でも分かるように、選手は一人ひとり、違った個性を持つ。すべての選手のことをより深く知ることは、チーム作りをする上で欠かせない。

そのために、エディーさんは心理学的なアプローチを導入したこともある。それが「ＭＢＴ

Ｉテスト」だ。

ＭＢＴＩテストとは「マイヤーズ・ブリッグス・タイプ・インディケーター」という心理テストの略称で、質問項目は全部で93問あり、二者択一方式で実施時間は20分前後。

ただし、その回答によって受検者の性格を診断したり、評価したりするわけではなく、有資格者（ファシリテーター）がその検査結果をもとに受検者に対してフィードバックを与えるのが特徴だ。受検者とファシリテーターとの話し合いによって、自己理解をより深めることを目的としている。

エディーさんはサントリーでこのテストを最初に導入しているが、ＮＦＬ（アメリカン・フットボール）のサンフランシスコ・フォーティナイナーズのヘッドコーチで、三度のスーパーボウル制覇を誇るビル・ウォルシュの著書に「ＭＢＴＩテストは有効だ」と書いてあったのが実施するきっかけだったという。

「ファシリテーターがテストの結果をもとにして選手に質問していきます。それによって、選手たちが自分の性格を知るというプロセスが興味深かった。サントリーでは選手たちが回答するのに時間がかかったのが印象的でした。単純な二者択一なのに（笑）。『これはどういう意味なのかな？』と余計なことを考え過ぎていたんだと思います。正解はないテストなのに」

同じ戦略をチームに浸透させるにも、こうした方法で選手それぞれの性格を知ることで、叱った方がいいのか、対話を重視した方がいいのかなど、そのアプローチの仕方を変えているのだ。

ハーフタイムに何を話すのか

勝つために十分なプランを作り、中身の濃い練習をしたうえで、最後にコーチの力量を試されるのが試合中だ。

かつて、ラグビーは試合が始まってしまえばヘッドコーチはスタンドから戦況を見守るしかなかった。いまは無線によって、指示を与えることも可能になったが、ラグビーにはタイムアウトはないので、試合中にコーチが介入する機会は限られている。

コーチたちのアーティスティックな部分がなによりも発揮されるのがハーフタイムである。そこで適切なアドバイスをしなければ、試合を失ってしまいかねない。ハーフタイムでは、状況を冷静に見極めて適切な指示をする必要がある。

「サントリーのヘッドコーチのとき、こんなことがありました。ハーフタイム直前、ウィングが余っていて絶対にトライだという瞬間、そのウィングの選手がノックオンをしてしまった。ボールを前に落としただけでなく、そこから反撃されてトライを奪われてしまったんです。それまで同点でしたから、7点勝って後半を迎えられたのに、逆に7点リードされて折り返した。そのプレーで14点分のスイングがあったわけです。ハーフタイムで、その選手はとても落ち込んでいました」

ここでエディーさんは、どんな方法を使って後半に臨んだのか。

「チーム全員の前に彼を呼びました。そして、『彼は今までチームの勝利に貢献してきた。みんな、分かっているだろう？　けれど、今日はあまりいいパフォーマンスをしていない。だったら、みんなで助けようじゃないか』と話したんです」

エディーさんはハーフタイムに、ウィングの選手を叱責することはしなかった。それよりも、一人ひとりのハードワークが勝利につながることを改めて周知したのだ。そうすれば、ノックオンした彼も救われる。

「ウィングの選手の後半に向けてのプレッシャーはいくらか緩和されたはずです。ハーフタイムは本当に重要な時間でした」

そして実際に、サントリーは逆転勝利を収めた。

ただし、エディーさんはこうしたソフトな方法だけではなく、ときには荒療治もする。

同じくサントリー時代、リコー戦のハーフタイムでのことだ。当時のリコーには、エディーさんがワラビーズのヘッドコーチをしていた時代にスタンドオフだったスティーブン・ラーカムがいて、スマートなチームだった。その試合では、サントリーの選手たちのパフォーマンスの内容があまりにも悪く、エディーさんの目には勝つことへの強い意識が感じられなかった。

「このときばかりは、怒りました。本当に怒った。ゴミ箱を蹴って、本を床に投げつけました」

では、それは本能の赴くままだったのか。それとも、計算したものだったのか。

「ロール・ザ・ダイス。サイコロを転がすようなものです。私が怒ることで、結果に結びつくのかどうか、正直いって、分からなかった。サイコロを振ってみて、それがどうなるか見届けるという心境でした。実は、まだ3点勝っていたんですよ。でも、内容が悪すぎた。私の怒りに選手たちはしっかりと応えて、後半はいいプレーをしてくれた。結局はハーフタイムがその試合のターニングポイントになりました」

どのコーチにとっても、「怒り」の扱い方は難しい。下手をすれば、チームのムードをさらに悪くしかねないからだ。

「怒るときには、勇気が必要です。もちろん、逆効果になる場合もありますから。私は、チームの流れ、雰囲気を敏感に察知することが大切だと思います。チーム全体が落ち込んでいるときには、ソフトなアプローチをかけた方がいいでしょう。私が怒りをぶつけても、それに反発するだけの力がないこともあるからです。怒るのは選手たちにまだパワーが残されているときでなければいけません。あと、いつも怒っていては、効果はなくなってしまう。怒られることに慣れて、選手の感覚が麻痺するだけです。感情的になる場合は、タイミングを見極めなければなりません。これも、まさにアートの領域です」

試合中にコーチに求められるのは、即興性、アドリブの感覚だ。試合前のゲームプランが崩れたとき、どんな修正をするかがコーチの能力なのだ。古今東西の例を調べて行くと、「名将」と呼ばれるコーチほど、勝っているときこそ叱責し、負けているときほど穏やかに、具体的なプレーの修正点を指示することの方が多い。ただし、負けている場合にも例外はある。

「ショック療法」の場合だ。

2004年から2007年まで南アフリカのヘッドコーチを務め、ワールドカップ優勝に導いたジェイク・ホワイトのエピソードをエディーさんが教えてくれた。

2005年11月5日のアルゼンチン戦のハーフタイムに、ホワイトが発したひと言は選手たちのプライドを刺激した。その試合で、南アフリカはアルゼンチンにハーフタイムで16対20とリードを許していた。その時点で南アフリカはアルゼンチンと10回対戦し、一度も負けたことはなかった。そこでホワイトは、何を話したか？

まず、選手たちに「円になれ」と命じ、それぞれの右の選手を見ろと話した。

「これから有名になる選手をしっかりと覚えておきなさい。君たちの右隣にいるのは、アルゼンチンに初めて負けて有名になる選手なのだ」

それだけ言って、ホワイトは選手たちの円陣から離れた。

これはコーチングの手法の中では劇薬の部類に入る。プライドの「負」の部分を刺激して、選手たちのモチベーションに火をつけたのだ。

結果はどうなったか。

南アフリカは後半早々にトライをあげ、最終的には34対23で勝利を収めた。後半、アルゼンチンには一本もトライを許さなかったのである。

異文化に触れることの効用

なだめたり、脅かしたり、反対に優しい言葉をかけたりもする。いろいろな表現やアイデアを駆使するのはコーチという仕事の面白さだが、新しい切り口や新鮮な発想は、日常からはなかなか生まれないとエディーさんはいう。

「日常に忙殺されているときは、なかなか斬新なアイデアは浮かんではこないものです」

いつもの仕事とはまったく違った環境に身を置いたときにこそ、それまでは思いもしなかったようなアイデアが浮かんでくる。

「新しい発想が生まれるには、自分がクリエイティブになる必要がある。私の経験からいうと、自分がいつも働いている場所から離れた方が、よりクリエイティブになれると感じています。東京にいるときは、当然のことながらコーチングやマネージメントが優先されるので、考える時間を得るためには日常の感覚から離れることが必要なのです」

日本代表は宮崎で合宿を行うケースが多いが、東京から離れた場所であれば、新鮮なアイデアが浮かんでくるのだろうか。

「宮崎は素晴らしい環境ですが、合宿は私にとって仕事の場ですから、発想が変わらない。やはり、チームから離れなければ、アイデアは浮かんできません。仕事とは努めて切り離された環境に身を置く必要があるでしょうね。特に、異文化に触れることで、まったく違った発想が浮かんでくることはよくあります。たとえば、イタリアに行ったときに感じたのは、イタリア・ラグビー界の人たちに未来のビジョンがないということでした。いい選手はたくさんいるのに、どうやって立て直していくのかというシナリオが見えない。実は、日本も同じような問題を抱えています。この問題を日本に置き換えたとして、どうすればいいだろう？　といつもとは違ったアプローチで考えることができました」

他の国に行くと、その国の考え方、文法に身体や発想が染まっていくことがある。たとえば、英語圏、特にアメリカに行った場合など、明快に意思表示をしなければ物事は進まない。自分の「隠れていた部分」が表に出てくるのだ。

エディーさんはイタリアのベネチアの町並みを見たときには、こんなことを思ったという。

「石畳、教会、運河、古い町並み……。昔の人々はどうやってこんな素晴らしい町を作りあげたのだろうか？　そのクリエイティビティに驚かされます。ただ、それがいまは停滞してしまっている。なぜだ？　どうしてなのだろう？　ベネチアで私が思ったのは、人間は常に学び続けなければいけないということでした。自分たちが完成していると思ってはいけない。常にいまの状態に満足してはいけないのだと」

様々なアイデア、発想を頭のなかでめぐらせながら、エディーさんは最終的にはいつもラグビーのことを考える。

しかも、毎日新しい発見があるからコーチングを楽しめるのだとエディーさんはいう。

「チームとは不思議なもので、一日、一日変化を見せます。私は毎朝起きると、どうやったらチームを向上させ続けられるのかということを考えます。そして向上させるために、どこに気をつけなければいけないのか、それについても考えをめぐらせます。常に物事は動き、変化する。同じことは二度と起きない。それがコーチングの魅力ですね」

同じ日は二度とやってこない。

だからこそ、最善の準備をするために、エディーさんは自分の仕事のスタイルを築いている。

朝、起きたら、今日もメモにアイデアを書きつける。

Try 3

コーチングの流儀②　数字を使いこなす

21世紀のトレンド、「数字」の効用

エディーさんと話をしていくうちに、ひとつの特徴に気づいた。

数字による分析がよく出てくるのだ。それらの数字はどれも厳密に引用されていた。

21世紀に入って、スポーツの世界で大きな比重を占めるようになってきたのが、数字、「スタッツ」の活用である。数字、数学、統計学を用いたチーム作りや戦術が当然のように行われるようになった。

メジャーリーグでは、2010年頃から、データ分析をもとに打者に対して極端な守備シフトを敷くことが珍しくなくなった。

ラグビーでも、キックやパス、そしてミスの回数が数値化され、特定の選手のプレーの傾向や癖も映像分析によって明らかにされる。エディーさんは数字に依存することはないが、その効用を大きく評価している。

「まず、ハッキリさせておきたいのは、数学はサイエンスであり、あくまでもコーチングとい

うアートをバックアップするものだということです。だから私は数字に支配されないように気をつけています。ただ、数字で客観的な事実を提示されると、自分の目で試合を見て感じたことの裏付けにはなる。コーチングに有効な数字を使っていくことで、選手のモチベーションの向上にも役立てられます」

エディーさんがチーム作りのために最初に数字を活用したのは、「スーパー12」（現在は「スーパーラグビー」）に所属するブランビーズのヘッドコーチ時代のことだった。

「1998年に私がヘッドコーチになって、ブランビーズは前のシーズンの2位から10位へと転落してしまいました。そこでシーズン終了後に、ブランビーズとトップ4のチームとは何が違うのか、徹底的に分析しました。ラック、パスの回数、セットピースの成功率、得失点の時間帯……。あらゆる局面を数値化して分析していくと、トータルで『3%』の差が勝ちと負けを分けることに気づきました。単純にいえば、それはセットピースやムーブ（サインプレー）での成功率の差です」

10位と低迷してしまったにせよ、上位のチームとはわずか3%の違いしかないことを発見したのだ。ギャップは実に小さいもので、コーチングによってその3%は十分に埋められる差だと考えて次のシーズンへの準備をスタートさせた。

「メディアのみなさんは、上位と下位の『ギャップが大きい』とよく書きますよね。でも、実際にはラグビーでの勝ちと負け、いい選手とそうでない選手を分けているギャップは、数字で見る限りでは大差はない。この3％の差を埋めるのがコーチの役割であり、そのために具体的な数値目標をコーチングに取り入れました」

翌シーズン、ブランビーズはスーパー12で5位へと順位を上げ、3シーズン目の2000年に2位。そして2001年には念願の頂点に達した。

「数字だけを追いかけていたわけではありませんが、最初のシーズンが終わった時点で、トップチームとの差を数字で表すアプローチを取ったことに間違いはなかった。選手たちにもいい動機付けになったはずです」

当然のことながら、どの数値に目を付けるかという分析力、そして練習のプラン力がなければムダになってしまうが、エディーさんは競争の激しいスーパー12で「数字」を使いこなす手応えをハッキリとつかんだのだ。この躍進によって、エディーさんはオーストラリア代表、ワラビーズのヘッドコーチへとステップアップしていった。

ワールドカップで戦うために必要なチーム総キャップ数は600

スポーツにおける数字の重要性が世界的に認識されたのは、メジャーリーグのオークランド・アスレティックスが統計学的な手法を用いて成功したことをレポートした『マネー・ボール』（マイケル・ルイス・著）が、２００３年にアメリカで出版されてからだ。

エディーさんも『マネー・ボール』を読んでいたが、この本に対する批評眼はコーチングの現場にいる当事者ならではのものだ。

「ジェネラル・マネージャーのビリー・ビーンのアプローチは、大きなスタッツで判断して、選手を獲得していますね。四球や出塁率といった分かりやすいけれど、それまでは見逃していた数字に重きを置いています。ラグビーに置き換えれば、それはタックル、ラインブレイクといった数字に重きを置くことになるのでしょう」

実は、エディーさんがグラウンドで探し求めているのは「隠れたスタッツ」とも呼べる数字だ。誰も気づいてはいないが、これがジャパンにとっては重要なスタッツになる。その数字については後述するが、それとは別に、エディーさんが常々、口にしてきた数字がある。

「ワールドカップで戦うには、フィフティーンのキャップ数（国の代表としてテストマッチに出場した数）の合計が最低でも６００は必要です」

この数字の眼目はなにか。単にキャップを足した総数という以上に、実際に世界の大舞台で戦うためには、経験が重要だと選手たちに伝える意味がある。そのためにエディーさんは再三再四、この数字を様々な機会で使っている。

ちなみに、現在、世界ランキング1位のオールブラックスのスターターのキャップの総数は、ほとんどのテストマッチで1000キャップを超える。キャプテンのリッチー・マコウだけでも139キャップ（2015年7月18日終了時点）を保持しており、たったひとりの選手ではあるが、経験の重みを感じることができる。

ただ、視点を変えればその1000という数字の持つ意味もまた変わる。エディーさんはこんな見方を提示してくる。

「1000キャップだなんて、年を取り過ぎていると思いませんか？」

おそらく、オールブラックスのライバルとなるチームを率いていたとしたら、選手たちにそう言って自信を与えるのだろう。「すでにピークを過ぎたチームなんだぞ」、と。こうして数字で提示された客観的な事実を、選手のモチベーションへと変化させることこそがコーチングにおけるアートなのである。

パスとキック「11対1」の黄金律

キャップ数はチームのメンバーの試合出場数だが、世界のラグビー界では戦術的にどんな「数字」に着目し、チーム作りに活用しているのか。エディーさんは観戦のヒントともなるような数字を紹介してくれた。

「パスとキックの比率。これが世界のラグビーを読み解くカギです。ワールドカップに参加する世界のチームであれば、4回パスをしたら、1回はキック、というのが一般的な比率です。ところが、ジャパンの場合は違います」

エディーさんは、ここで驚くような数字を口にした。

「11対1。パスが11回に対して、キックが1回。これがジャパンに最も適した比率だというのが私の結論です。世界の常識に照らし合わせたら、これは尋常ではありません。しかし、この数字がジャパンには合っている」

この比率が変わってくると、ジャパンの試合内容に「破綻」が生じるのだという。これまでのテストマッチの分析では、「20対1」とパスが多くなると、敵にとってアタックが予想しやすい状態となり、攻撃を抑えられてしまう。この数字では、用意されたディフェンスに押し込められてしまうのだ。

では、それよりもキックの比率が高くなる「8対1」になるとどうなるのか。

「ジャパンらしい、ユニークなプレーから遠ざかってしまい、試合中に選手たちが自信をなくしてしまいかねない」

世界のスタンダードに比べて2倍のパス比率でアタックしたとしても、ジャパンらしい素早い攻撃が展開できないというのだ。

「ワールドカップでは、この『11対1』というスタッツがキーになるでしょう。ただ、この数字を一般的なコーチングのカンファレンスで発表したとしたら、『有り得ない』と言われるでしょうね。世界のラグビーの常識に照らせば異常な数字ですから。それでも、この『11対1』という比率がジャパンに適していることはこれまでの試合結果からみて間違いないんです」

実際にこの「11対1」を実現した試合が、2014年6月21日のイタリア戦である。イタリアはシックス・ネーションズの一角を占め、それまで日本は一度も勝ったことがなかった。だが、この試合ではジャパンがしっかりとボールをコントロールする時間帯を作り、26対23で勝利した。試合内容も点差以上に良かった。

「イタリア戦でのスタッツは『11対1』に近かった。パスとキックのバランスがよく、アタックでのセットアップはうまく出来ていたのですが、最終的にトライにはうまく結びつけられなかった。あと2、3本はトライを取れたはずです」

ただ、面白いのはエディーさんは今の段階では、常にどの試合でも「11対1」を求めているわけではないことだ。チームを作る過程で、ときには敢えてその比率を変えて試合に臨むこともある。

2014年の秋、ニュージーランドからマオリ・オールブラックスが来日し、ジャパンと2試合を戦った。11月1日に行われた初戦は21対61で大敗。試合終了後、キャプテンのリーチマイケル（東芝）が「期待してくれたみなさんに申し訳ない」とコメントするほどの大敗だった。

しかし、1週間後の11月8日の秩父宮での試合は、結果的には18対20と逆転負けを喫しはしたが、ジャパンが試合終盤までリードするスリリングな接戦となった。

実は、この2試合について、エディーさんはまったく異なる指示を選手に与えていた。

「選手たちは国内の所属チームでトップリーグを戦って、ウィンドウ・マンス（テストマッチの期間）に入ったところでした。トップリーグの試合の特徴は、キックが非常に多いことです。私としてはその状態に慣れた選手たちのマインドセットを変えたかったので、第1戦では『蹴るな』と指示を出したんです。その結果、パスとキックの比率は20対1で、マオリから見れば、パスでしか攻めてこない、単調な攻撃を繰り返す予想しやすいチームになっていました。そして1週間後、今度は2点差で負けはしましたが、この試合ではパスとキックの比率が『11対1』になっていたんです。選手たちはすごくいいプレーをしてくれました。選手たちに目指すべき方向性を示すことができました」

このマオリとの2試合で、開幕まで一年を切っていたワールドカップに向けての指針を示すことができたのである。

ただ、「11対1」とパスの比率が高いからといって、キックの「1」が持つ意味を軽視してはならない。キックが効果的でなければ、それまで11回つないできた過程が水の泡になってしまうからだ。その点、スクラムハーフで先発に定着している田中史朗（パナソニック）はキックを織り込むセンスが抜群だという。

「フミ（田中）は素晴らしいセンスを持っています。いつ、どのタイミングで蹴るのが有効かをわかっていて、流れのなかで、大きなチャンスを作り出してくれます」

田中のそうしたセンスを数量的な分析で数値化することはできないのだろうか。

「できませんね。そのあたりは試合の流れのなかで、その都度、フミが感じて反応している部分です。流れのなかでどう判断しているのかは数値化が難しい。ただ、キックでも重視すべき数字はあります。たとえば、キックオフにおけるハングタイム（滞空時間）です。ハングタイムは少なくとも3秒は必要です。相手にキャッチさせて、その瞬間にタックルに入るためには、どうしても3秒が必要になる」

流れのなかの判断とは別の、ハングタイムという数字。こうした具体的な数値があればこそ、練習も具体化されることはいうまでもない。

ボールの保持時間が勝敗を左右する

11対1の他にも、日本代表の生命線となる数字がある。「54％以上」のポゼッション（ボールの保持時間）が重要だとエディーさんはいう。

ラグビーの戦術は大きく分けると、エリアを重視する「テリトリー型」と、ボールの保持を重視する「ポゼッション型」に分けられる。

「日本代表の場合、『11対1』を実現するためにも、ボールのポゼッションが前提になります。少なくとも、50％以上のポゼッションが必要で、54から56％になれば、勝つ試合につながります」

ただ、世界的に見ると日本は特異なチームである。世界のトップチームの場合、オーストラリアをのぞいてはほとんどがテリトリー型のチームだからだ。

「特にニュージーランドは、歴史的にテリトリーを重視する風土があります。まずは、キックで敵陣に入り、相手を敵陣に釘付けするのが基本的な戦略です。それが可能なのは、FWの体が大きいからに他なりません。それに対してオーストラリアはライバルとなる世界の強豪国と比べると相対的に体が小さい。日本もそうですが、サイズが小さいチームが勝つためには、必然的にボールをキープして相手を後退させるという発想になります」

エディーさんが生まれ育ったオーストラリアと日本。サイズのハンディキャップがラグビーのスタイルを決定する。ただし、日本はボールを保持しようとしてくるのが分かっているので、対戦相手からは分析しやすい相手ともいえる。

２０１２年11月、日本はジョージア（旧・グルジア）とアウェイで対戦したが、そこでは驚くべきことが起きた。

「ジョージアはわれわれのポゼッションの時間を短くしようと仕掛けてきました。それもピッチの外で。ジャパンが最初にペナルティをもらい、タッチに蹴り出したら、テストマッチなのに、なんとボールパーソンが配置されていなかったんです。誰もグラウンドの外に蹴りだされたボールを取りにいかなかったんですよ。だからスロワーであるフッカーの堀江翔太（パナソニック）は2分ほど、ボールがくるのを待たされたんです。ジョージアは日本のインプレーの時間を少なくしようとして、わざとボールパーソンを置かなかったのでしょう」

ジョージアのやり方が褒められるかどうかは別にして、これが世界のラグビーの、ギリギリの戦いなのである。エディーさんも「ジョージアのコーチはそこまで徹底して勝ちにこだわったんです」と、ある意味では感心したという。

2014年の秋、日本は再びジョージアと戦ったが、エディーさんは同じようなことが起きると想定した練習も行っていた。二度も出し抜かれるわけにはいかなかったからだ。

ボールを持っていない選手の動きこそが重要

「11対1」の黄金律に、ポゼッション。これらのスタッツは、ワールドカップで日本と対戦する相手には、すでに共有されている情報だと考えていいだろう。

しかし、前にも少し触れたが、エディーさんはまだ誰も気づいていない「隠れたスタッツ」を見つけ出し、それを戦術に組み込みたいと考えている。それが勝敗を分けるポイントになるはずだ。では、まだ一般的には認識されていないスタッツとはどういう数字なのだろうか。

エディーさんはラグビーがプロ化してから、スタッツの考え方が大きく変化したと話す。

「ワークレート、つまり選手がプレーしている最中にどれだけプレーに絡んでいるのか、こうした指標はかつてありませんでした。ラグビーは立ってプレーするのが基本です。『寝ている時間』は仕事が一切できません。最近では、ボールをキャリーした後やタックルした後、あるいはラックでクリーンアウトした後に、選手がどれくらい寝ているのか、その時間が数字ではっきりと分かるようになりました。選手はジャージにGPSによって動きを測定するセンサーをつけているので、もう選手はサボれませんし、言い訳も通用しません。その数字をチーム作りに本格的に取り入れたのは、スーパーラグビーのチーフスでした。スタッフが分析して、選手にフィードバックしているのですが、ジャパンでも同様のことを行っています」

チーフスはニュージーランドのワイカトにホームを置くチームで、ヘッドコーチのデーブ・レニーが指揮を執り、２０１５年のスーパーラグビーでは5位の成績を残している。ふだんの練習から、プレーを数字で分析してフィードバック、練習の段階からすぐに起き上がることを意識しているという。

これまで、「寝て、起きる」速さというのは印象の世界でしかなかった。いまでは、それを驚異的な速さで、80分間持続できる選手こそが、「レジェンド」と見なされるようになってきた。

「オールブラックスのリッチー・マコウ、ワラビーズ、サントリーでもプレーしたジョージ・スミスの2人は、次に何をするのか、瞬時に考え、すぐに起きて動きだします」

ひょっとしたら、考える間もなく、自然に動き出しているのかもしれない。そうしたプレーがこれからの基準になっていく。

今後のラグビーでスタンダードになっていく数値は、「スタンディング」の時間だという。何人の選手が立っているかというスタッツが勝つためには重要な意味を持ってくる。

「アタック、ディフェンスの両面で、実際に何人の選手がピッチ上でプレーに参加しているかという数字は、ますます重要になっています。ひとりが寝ていれば、どこかにスペースが生まれてしまうからです。インターナショナルのレベルでは、かつては強豪国とそれ以外のチームではフィジカルに大きな差がありましたが、今ではその差がどんどん縮まってきています。ほとんどの選手が速くなり、大きくなり、おまけに強くなっている。彼らがハードワークをしつつ、可能な限り立ってプレーしているので、現代のラグビーではスペースが生まれにくくなっています」

だからこそ、トライが取りづらくなっている。ディフェンスはいかにスペースを早く埋めるか、アタックする側は敵よりもどれだけ人数をスペースに早く投下できるのかが重要になってくる。

「ボールを持っていない選手の動きが、そこに集約されます。アタックの場合は、そのエリアにボールを運ぶという戦略性、プレーの正確性が重要になるのですが」

チームのためにどれだけ懸命に戦えるかの指標

エディーさんによれば、日本の選手の問題は次の行動に移るのが遅いことにある。そして、この問題の根幹には日本型の仕事のやり方が関係しているのではないかと推測している。

「日本では『この仕事をしっかりとやりましょう』と、全体像を提示することなく、一部のパーツを任されることが多いのではないでしょうか。そして、その仕事が全体像の中でどんな意味を持っているのかを理解しようとしない。パーツできれいに仕事をこなせば、ほめられるので、『次』のことを考える習慣がないんです。ラグビーでもよく観客が『ナイス・タックル！』と叫んでいますが、この言葉をかけられると満足して、ハッピーになってしまう。そこで一度、気持ちが切れてしまっては、連続性を重んじるラグビーでは効果的なプレーに繋がりません。全然ナイスではありませんね」

このような話を聞くと、つくづく日本人は「区切り」のある競技の方が得意だし、好きなのだと思う。野球、バレーボール、相撲……間合いが好きなのである。

「確かに、日本にはひとつのことにフォーカス（集中）できるスポーツが盛んですね。サッカーやラグビー、そしてバスケットボールのような連続性が重視されるスポーツでは、日本と海外の選手の大きな違いとして、フィジカルの面がよく指摘されますが、実はこうした流れの中での動き、判断力に大きな差があるのだと私は思います」

先ほどの田中史朗のキックのように、判断力はなかなか数値にはしづらい。だが、エディーさんはラグビーにとって重要なプレーである相手にラインブレイクされたとき、どれだけハードにチェイス（後ろに戻って追いかけること）できるか、そうしたことまで数値化していこうと試みている。

「ハードにチェイスしなければ、トライを許してしまう。単純なことです。それを可能にするのは、高いレベルのフィットネスと、それに加えて『ハート』も重要になってきます。チームのためにどれだけ懸命に戦えるのか、そうした気持ちの面がチェイスには表れるんです」

これまで、チームへの忠誠心や、仲間との連携などは不可視的なものであり、数値化することは不可能だと思っていた。しかし、エディーさんの話を聞く限り、「ハード・チェイス」という項目には、そうしたメンタルな要素が含まれる。数値の中にも解釈によってはメンタリティが反映される。これもまたアートの一部だ。

数字を戦略的に活用せよ

「自分のチームにとって、どのスタッツが重要かを見極めるのが『アート』です。日本の場合、フィジカルなデータを相手と比較しても意味がありません。最初から選手たちにコンプレックスを植えつけるようなものですから」

実は、スタッツを生かすのも、無視するのも指揮官の裁量次第なのである。

エディーさんの場合、もともと分析するという作業が好きだから、これまでも、自分のチームや相手のチームの試合をモニターで何度も見返しては、勝つための「視点」を発見してきた。その時間がたまらなく好きなのだという。

前述したが、２００３年、ワールドカップ準決勝でニュージーランドを破ったときには、ある「スタッツ」に注目したことが勝利へのカギとなった。

「オールブラックスのスタンドオフは、『キング』と呼ばれたカルロス・スペンサーでした。アタックに秀でた素晴らしい選手でした。しかし、彼のキックにはひとつの特徴があったんです。オールブラックスが左から右に攻めているときに、キックを使う傾向がある。つまり、右足でのキックは得意なんですが、左足のキックには自信がなかったのでしょう。オールブラックスが自陣から脱出したい場合にはパターンがあって、左側に起点をセットしてきました。そこから右に展開し、スペンサーが蹴る」

そこからはコーチの腕の見せ所である。エディーさんはスペンサーのキックをキャッチする左のウィングに大柄でパワフルなロート・トゥキリを配した。そしてキックが予想される場合には深めにポジショニングさせ、そこから必ずカウンター攻撃を仕掛けさせた。

「スペンサーのキックを無力化させるためには、タッチには出させず、キックをキャッチしたらランをするようにトゥキリに指示をしました。オールブラックスはテリトリー型のチームですから、基本的には自陣からランをするのを好まず、とりあえずはキックで陣地を進める。じゃあ、こちらは押し戻してやろうじゃないか、と。つまり、オールブラックスが勝つために必要な戦略は何かと考えて、それを逆に奪い取ったのです。この発想は、どのチームにとっても勝利に向けての、もっとも効果的な戦略です」

その年の7月には大敗していた相手である。準決勝での対戦を念頭に、エディーさんはそのシーズンすべてのオールブラックスの試合を映像で確認し、あらゆるデータや数値も洗い出して分析した。

そしてもう一度、8月に戦って手の内は明かさずに僅差に持ち込み、最終的に何が必要なのかを確認した。

その結果が、オールブラックスを破るという「勲章」となった。

映像をコーチングに生かす

これはチームの戦略として数字をいかに使うかという事例だが、もちろん、個々の選手の成長にも数字を使ったコーチングは生かされている。そして、ときには映像を見せることが有効だという。

この準決勝で、スペンサーの対面でプレーしていたのが、リコーでもプレーしたスティーブン・ラーカムだ。インターナショナルのレベルでは華奢に見えたが、インテリジェンスは抜群で、ラインブレイクの美しさがいまも目に浮かぶ。そのラーカムにしても、ターンオーバーを犯すことは珍しくなかったのだが、エディーさんはそこに「傾向」を見て取った。

「私は、ラーカムが相手にボールを渡してしまう『ターンオーバー』での数字が気になっていました。彼の場合、一試合につき4、5回ターンオーバーがあります。漫然と見ていたとしたら、『それくらいは仕方がない』と思うかもしれません。ある意味では、許容範囲だからです。しかし、『なぜ、ターンオーバーが起きるのか？』という視点で映像を分析すると、彼は左方向に走る時にターンオーバーが多かったのです。オフロード・パス、相手にタックルされながら味方にパスをしようとするときにミスが起きていた。片手でボールをうまくコントロールできないんですね。その映像をラーカムに見せたら、次の試合からは明らかにターンオーバーが減りました」

人間には利き腕、利き足がある。どうしても、左右のプレーに精度の違いが出てくる。それを見抜くのもコーチのアーティスティックな能力だ。バックスの選手はその特徴が表れやすく、ワラビーズでもプレーしていたウィングのジョー・ロフは、右から左に走るときにラインブレイクが多かったという。

また、ヤマハ発動機でプレーし、ジャパンの重要な戦力でもあるマレ・サウの場合は、左から右に走る場合にラインブレイクの数が多い。

「選手には数字を見せ、『こうした傾向があるよ』と事実を示します。そこから自分で工夫していけば、より高いレベルの選手になれる」

いま、エディーさんは、特に日本代表の若手には学生のうちに弱点を克服して欲しいと考えている。

「福岡堅樹（筑波大）は、左ウィングなのでタッチラインから出ないようにと右にカットインしたがる選手です。ただ、内側にカットインしてしまうと、相手のカバーディフェンスが来るので、追いつかれてしまう。それを映像と数字を組み合わせて提示すると、本人も納得します。だからこそ、彼は左にラインブレイクすることを意識してプレーすべきです。藤田慶和（早稲田大）の場合は福岡とは逆です。映像と数字をうまく組み合わせて見せれば、いいティーチングになるのです」

Try 4 勝つための組織作り

代表監督に必要な条件

　ここまで、エディーさんがどのようなスタイルでコーチングをしてきたのかを見てきたが、この章では国の代表チームのヘッドコーチになるには、どれくらいの経験が必要とされるのかを考えてみたい。

　日本では1988年に、それまで指導歴がなかった宿澤広朗《ひろあき》が日本代表の監督に就任し、翌年にはスコットランド相手に金星をあげたこともあった。しかし、それはアマチュア時代の話であり、プロ化の時代を迎えてからすでに20年、コーチの生存競争も激しさを増している。

「なによりも重要なのは、その国でコーチングをした経験があることです。その上で、国内で優勝した実績があること。このふたつは、絶対に必要な条件だと思います。それを土台にしてインターナショナルのコーチングの世界に飛び込んでいくことになる。国際舞台では、初めてのことばかりに遭遇するわけですが、前もって準備するのは難しい。必要なのはテストマッチを経験していくなかで、どれだけ適切に対応し、素早く学んでいけるかという能力です」

エディーさんはクラブチームのコーチからスタートして、スーパー12、そしてオーストラリア代表（ワラビーズ）へステップアップしていった。ブランビーズ時代の初年度に10位と低迷しながらも、その直後に巻き返せたのは、新しいステージに素早く対応できたからだろう。いまでは、およそ100テスト（テストマッチの数）をヘッドコーチとして経験している。

「ここまで来ると、滅多なことでは驚かなくなります」

と微笑むが、では、インターナショナルのコーチとして、どれくらいのテスト経験があれば、ワールドカップなどの大舞台で十分に戦う準備が出来たと言えるのだろうか。

「30から40テストくらいでしょうか。私は常々、チーム全体のキャップ数が600キャップあればいいチームが出来ると考えています。それを選手の数（15人）で割れば、ひとりあたり40キャップ。これはコーチにも当てはまります。だいたい4年ほどインターナショナルでコーチングの現場を預かり、結果を残すことが出来れば経験としては十分でしょうね」

大舞台で戦っていくためには、「4年」という年月が必要なのだ。実際、その国の選手を選抜してチーム作りをする代表の場合、2年ではなかなか変化が見られず、ようやく変化の兆しが表れるのは3年目あたりからだという。

「日本代表も、4年目になって、ようやく私の求めたレベルで選手たちが動いてくれるようになりました」

ザッケローニ監督の経歴に潜んでいたリスク

こうした「経験値」の数字は他のスポーツにも当てはまるのだろうか。サッカーを例に考えてみよう。

2014年、サッカーのワールドカップで日本は前回以上の成績を期待されながら、グループリーグで敗退した。その責任の一端は監督のザッケローニにあると報道では指摘された。

就任当初こそ好調だったものの、3年目、4年目になるにつれて代表の勢いは衰えていった。日本サッカー協会は当初から4年契約を結んでいたが、結果的にはそれは裏目に出たことになった。

「あくまで、私の考えですが」と前置きしたうえで、エディーさんはこのケースの問題点を指摘した。

「インターナショナルの経験がなかったコーチが初めて代表を預かるとなれば、そこにリスクはつきまといます。ザッケローニ氏の場合、イタリア国内での経験しかなく、しかも最長で9カ月しかひとつのチームを率いたことがない。彼の経歴を見れば、ふつうはそこに潜むリスクには気づくはずです。もちろん、リスクはコーチの実績によって異なります。たとえば、バイエルンのグアルディオラは代表を指揮した経験はありませんが、8年契約を結ぶ価値があるでしょう。彼の哲学、指導法を見れば、たとえすぐに優勝させられなかったとしても、必ずチームが向上し続けることは期待、いや、確信できるからです」

この話の流れの中で、エディーさんは『サッカー データ革命 ロングボールは時代遅れか』(クリス・アンダーセン、デイビッド・サリー・共著)という本を紹介してくれた。

「サッカーというゲームを数学的に分析した本です。たとえば、コーナーキックからゴールにつながる確率。これは10％に満たないんです。コーナーキックになると、観客がゴールの予感に沸き立ちますが、実はそれほどゴールにはつながらない。バルセロナはショートコーナーでボールをキープすることが多いですが、私はそちらの方がスマートだと思います。バルセロナの選手たちは、ヨーロッパの他のクラブと戦うときに、体格面で不利になりますし、キープした方がチャンスが増える」

この本の中では、プレーばかりでなく、選手や監督のキャリア形成がどのように行われているのか、そうした分析もされているという。

「指導者として成功するにはパターンがあるんです。クラブレベルでキャリアをスタートさせる場合、最初に負け越しているチームを引き受けてしまうと、その後も結果を残せないケースが目立ちます」

負け癖がついたチームを、新人監督が立て直すことはなかなか難しいのだ。逆に、クラブの側からすれば、成績を向上させるためには、それなりのキャリアを持った監督を選んだ方がいいということになる。『サッカーデータ革命』では、２０１１年にイングランド・プレミアリーグの強豪、チェルシーがポルトガルのポルトを率いていた33歳の若手有望株、ビラス・ボアスを招くエピソードが紹介されているが、経験不足のボアスはスター選手たちの掌握に失敗し、わずか２５６日で解任されてしまう。経験値を適切に評価することは組織にとって重要である。

「チームを上向きにすることができず、負けがこんでくれば、『あの監督では勝てない』というイメージが浸透してしまうので、ビッグクラブからのオファーは絶対に来ません。そのかわり、弱いクラブからはいくらでも来ますよ。それもデータで見せられると『なるほど』と納得しますが、普段はなかなか気づかないものです」

プロのコーチとして成功するには、中規模の優良な組織、クラブで力を示し、ビッグクラブへの階段を登っていく必要があるようだ。

「振り返ってみると、私が『弱い』と見なされているチームを引き受けたのは、日本代表が初めてかもしれません。ずっと、力のあるチームのコーチをしてきましたから。最初は自分もプレーしていたオーストラリアのクラブ、ランドウィック。それからスーパー12のブランビーズからワラビーズへ。これまで私は恵まれていたと思います。ただ、日本代表の場合、ポテンシャルが高いので、まったく悲観的になりませんでした」

判断の拠り所は自分のイメージ

日本代表が自らのキャリアで初めての弱いチーム――。その言葉を聞いて驚いたのだが、エディーさんはそもそも、日本では「強いチーム」の定義が少しおかしいと感じている。

「ある時、高校ラグビーで強いチームがあると耳にしたので、『なぜ、そのチームは強いんですか？』と質問したんです。そうしたら、トンガ出身の選手がいるからだとその人は答えました。私からすれば、それは強いチームではなく、単に強い選手がいるだけの話です。大きな選手が集まっていれば強いチームになるかもしれませんが、それがいいチームだとは限りません」

こうした発想が、日本のラグビーの発展を妨げているとエディーさんは危惧する。国際舞台ではサイズに頼るのではなく、スピード、クイックネスが不可欠なのに、日本の高校レベルの試合ではサイズにモノをいわせたプレーが横行しているからだ。有望な選手であれば、国内の枠で考えるのではなく、将来を見越してポジションも決めるべきだという。

「日本の高校ラグビーでナンバーエイトとして活躍できたとしても、同世代のインターナショナルでは通じないでしょう。国際レベルに照らし合わせてみて、もし背が低かったとしたら、ナンバーエイトではなく、フッカーをするべきです。いま、ジャパンで活躍している堀江のようにね。高校時代からフッカーの経験を積めば、よりチャンスは膨らむわけですから」

また、バックスに目を転じると、高校や大学レベルでは、トンガ出身のCTBの選手が大きくラインブレイクすることが日本では目立つ。しかし、それも必ずしも正しいポジション選択ではないという。

「トンガ人のセンターは、太り過ぎの選手が多いですねえ。インターナショナルで通用するかどうかは疑問です。適切なポジションでプレーすれば、もっと、もっと成長できるはずなのに」

こうした判断は、海外では普通のことだという。日本の若い選手たちは時間を浪費しているとエディーさんはため息をつく。

「ニュージーランドでは、常に『この選手がオールブラックスだったら……』という視点で考えます。いまのポジションではインターナショナル・レベルで通用しないと思ったら、すぐに通用するポジションにコンバートする。それがコーチの成すべき仕事です」

日本の高校レベルでは、能力が秀でているバックスの選手は、フルバックに起用されることが多い。ハイパントの処理も巧く、左右どちらのライン攻撃にも参加できるので、ボールを持つチャンスが増えるからだ。そのチームにとっては有益かもしれないが、世界のレベルでその選手の将来を考えた場合、不利益になっているかもしれない。

では、選手を適切なポジションに配置するために必要なことは何なのか。サイズに囚われず、選手から最大限の能力を引き出すには、どういった発想が必要なのだろう。

「コーチに必要とされるのは、最終的な到達点のイメージを持つことです。もちろん、勝つチームを作りたい。誰だってそうです。ただ勝つだけではなく、どういったスタイルで戦うのか、そのイメージを持っていなければなりません。ジュニアのコーチであれば、素質のある選手を育てる義務があります。様々な可能性を考慮に入れて、判断し、決断していく。毎日の練習のなかでも常に判断しなければならない状況に直面します。そのときの拠り所となるのが、自分のイメージなんです」

強固なイメージを持てば、それだけ選手への要求も高くなっていくのがコーチの性質である。

「だから、私は常に満足できないんです。2014年6月にイタリアを秩父宮で破りましたが、あの試合にも満足はしていません。勝ちはしましたが、もっとトライを取れたはずです。ではトライを取れなかったのはなぜか？　それを考えるのがコーチの仕事です。問題があったわけですから、トライが取れなかった。では、準備のどの段階で問題があったのか。試合の直後に私は振り返ってそのことを考えていました」

試合後の記者会見でエディーさんが渋い表情だったことを思い出した。イメージと現実のギャップをどう埋めるか、早くも頭をフル回転させていたのだ。

ヘッドコーチの「イメージ」というものは組織のあらゆる部分に影響を及ぼすという。

たとえば、イングランド・プレミアリーグで長年、上位を争うアーセナルのアーセン・ベンゲルは常に、ピッチ上で選手たちがイメージを共有することを望む。特に相手ボールを奪ったときに、それぞれの選手がどのような動きをするのかを重視する。アーセナルが強い時には、選手たちが飛行機の「編隊飛行」のように、等間隔に素晴らしいスピードで相手ゴールへと向かっていく。

アーセナルの9面もある練習グラウンドを見学したときのことが、エディーさんは忘れられないという。

「アーセナルのトレーニング施設は美しい。美的感覚が統一されているんです。そこは『美しいサッカーをしたい』というベンゲルのビジョンが具現化された場所なんです。ヨーロッパには珍しく、トレーニング・センター内では靴を脱がなければなりません。建物の内部に自然光が入る構造になっていて、まるでモダンなミュージアムのようでした。建物の細部にまでも、ベンゲルの美意識が反映されていた」

これは、ヘッドコーチやマネージャーのイメージがいかに重要なのかを示す極端な例である。

「いいチームというのは、クラブハウスに入った瞬間に『あっ、こういうことをしたいチームなんだな』というのが理解できるものです」

指揮官の美意識が普段から選手に浸透していくのが望ましいチームの形なのである。

勝つための「年齢構成」

ビジョンを実現するために、チーム作りの際、エディーさんが常に意識するのは組織の「年齢構成」だという。

ベテランばかりでも、若手ばかりでもチームには破綻が生じる。ピーク年齢にある選手たちをまず中心に据え、そのまわりを固めていく。

世界では選手のピークについての研究が盛んになっており、たとえば近年、メジャーリーグでは「選手のピークは25歳から30歳」というのが通説になっている。20代前半でメジャーに昇格した選手は、6年間プレーするとフリーエージェント権を得て、移籍の自由が得られる。ちょうど、選手としてピークの時期にFAの権利を得られるわけだ（日本ではFA権獲得まで7〜9年かかるため、ピークを過ぎてしまうのが問題といえる）。

エディーさんはラグビーの場合はピーク年齢とは別に、チームの「平均年齢」が重要だという。これは、代表チームの総キャップ数と同じような発想になる。

「私がサントリーのヘッドコーチを引き受けたときに、過去のトップリーグの優勝チームの平均年齢を調べたんです。28歳でした。大学を卒業してから6年ほど経ち、日本のトップレベルでの経験を積んだ時期と考えればいいでしょう。ただ、だからといって28歳の選手をそろえればいいというわけではありません。29歳以上が10%、新人、2年目の選手が10%というのが理想でしょう」

２０１０年にエディーさんがサントリーのヘッドコーチを引き受けたとき、チームの平均年齢はちょうど28歳近辺にあった。それだけに、いまのチームで「勝たなくてはならない」というプレッシャーがかかったという。

「時計の正午、12時。これをチームが優勝に向かうプロセスのスタートとしましょう。優勝するチャンスは、時計の短針がひと回りした夜中の12時前後にやってきます。私の感覚では、だいたい一周するのに3年くらいかかります。その間にディレクター、ヘッドコーチはチームをピークに持っていかなくてはならない。その中で年齢構成のサイクルも考えてチーム作りをする必要があるのです」

いまのサントリーは平均年齢が28歳を上回っている状態だ。再び時計の針を正午にリセットし、プロセスを始める時期に来ている。

かつてマンチェスター・ユナイテッドを率いたアレックス・ファーガソンは、「今日やることは、明日のためでもある」という言葉を残している。

「ファーガソンの言葉は、まったくもって１００%正しい。もちろん、今日やるべきことに集中しなければいけないのですが、リーダーというものは常に明日何をするのかを視野に入れておかなければなりません。明日、というのは文字通りの意味ではなく、ひょっとしたら一年後かもしれないし、もっと先かもしれない。そうした中長期的な視野を持つことが不可欠です」

しかし、クラブと代表ではチームの作り方も変わってくる。ワールドカップを戦う選手たちの平均年齢もやはり28歳前後が好ましいのだろうか。

「今回の大会ならもうちょっと上でもいいかもしれないですね。特にフォワードはもう少し上でもいい。ただ、誰がヘッドコーチになるかはまだ分かりませんが、2019年に日本で開催されるワールドカップに向けては、もう一度、チームを作り直す必要があります。バックスはまだ若いので、2015年のメンバーが2019年にも通用するかもしれませんが、フォワードのメンバーはいまピークを迎えている選手が多いからです」

エディーさんの話で面白かったのは、ラグビーではポジションごとにピーク年齢が違ってくるということだ。

「正確なデータはありませんが、ウィングは特にピークが早いですね。世界的に見ても、22歳から25歳でピークを迎えることが多いです。私が就任早々、福岡と藤田という若い選手を日本代表に呼んだのは、ピークに向かっていくプロセスを少しでも早めたかったからです。福岡はしっかりとしたプログラムで練習すれば、ワールドカップでスターになる可能性だってあります。彼のスピードは、2007年のワールドカップで南アフリカの優勝メンバーになったウィング、ブライアン・ハバナに匹敵します」

ウィングはスピードが命のポジションであり、身体能力が重要だから、他のポジションに比べてピークへの到達が早いという。では、他のポジションのピークはどれくらいなのだろう。

「スクラムハーフ、スタンドオフ、センター、フルバックといったいわゆる『ディシジョン・メーカー』、試合の中で判断する回数が多いポジションの選手たちは、それなりに経験を積む必要があります。27歳から30歳くらいの間にピークを迎える選手が多いと思います」

フォワードはまた別である。ディシジョン・メーカー以上に経験がものを言うポジションであり、フォワードの中にはピーク年齢が30歳を越えるポジションもあるという。

「特にフロントロー（スクラム最前列）の選手は、30歳を越えてもなお成長の余地があります。フォワードは32歳くらいでピークを迎えてもおかしくはないですね。かつてのウェールズの炭坑夫のように、重労働を毎日、毎日こなしていくことで、エキスパートへと成長する。フォワードのエリートになるためには、近道はありません」

30代になってもワールドクラスのフランカーとして活躍しているのが、オールブラックスの主将、リッチー・マコウだ。

「マコウは34歳を迎えても、衰えを見せていません。２００７年のワールドカップでのパフォーマンスと比較しても遜色がない。マコウは、どこに走ったらいいのか完璧に理解しています。

ポイントに速く到達するために、そこで何をしたらいいのか、彼はその方法を熟知しているんです」

フィットネスの能力ではピークを過ぎていたとしても、経験がそれを補う。ヘッドコーチはそうした選手の状態を見極めながら、チームという集団を作り上げていく。

連覇することの難しさ

選手の年齢を意識しながらチーム作りを進めなければならないが、ワールドクラスのチームを作るとなれば、さらに話は難しくなってくる。

ワールドカップで優勝するということは、その時期にチームとしてのピークを迎えていることに他ならない。また、4年後に同じようなチームを作るのは、同じメンバーでは絶対に不可能と言っていい。

実際、エディーさんは2001年にワラビーズのヘッドコーチに就任し、2003年のワールドカップで連覇の期待がかかるチームを引き受けた経験を持つ。

「結果的に、1999年の優勝メンバーで、2003年の決勝でプレーした先発選手は8人ほどでした。優勝メンバーの大半は4年という歳月を経て、もうピークを過ぎていたんです。ワールドカップで優勝するには、世界のトップレベルの選手が最低5人は必要です。2011年のワールドカップで優勝したオールブラックスのメンバーを振り返ってみると、リッチー・マコウは間違いなくピークを迎えていましたし、スタンドオフのダン・カーターも大会期間中にケガをしましたが、彼にとって最高の時期を迎えていた。そのほかにも何人かワールドクラスのメンバーがいました。4年経ってみると、やはりカーターもピークを過ぎているように思います。新陳代謝を進めながらトップの力を維持するのは、並大抵のことではありません」

連覇が難しいのは、4年に一度のラグビー・ワールドカップに限ったことではない。メジャーリーグでは2000年にニューヨーク・ヤンキースが3連覇を達成して以来、ワールドシリーズで連覇を遂げたチームは出ていない。サッカーのヨーロッパ・チャンピオンズリーグでも、1990年のACミランを最後に、もう四半世紀も連覇を達成したクラブはない。

誰もが「常勝チーム」を作るために努力をし、苦労を重ねているのに、なかなか実を結ばない。そんな中で、エディーさんは強いチームを作るために、ある方針を自分に課している。

「自分がチームを預かっているときには、常にプレーするメンバーを変えていくようにしています。目安としては、シーズンごとに20％ほどを入れ替える。もちろん、クラブと選手の契約形態にもよりますが、南半球やヨーロッパのクラブであれば、ベテランで契約があと1年残っていて、先発の力があったとしても、あえて若手に切り替える。これは難しい決断です。ベテランで人気のある選手であればファン、メディアが騒ぎますから。でも、ベテランが力を明らかに落としてからメンバーを交代するようでは、もはや手遅れなのです。ディレクター、ヘッドコーチは、クラブが成功し続けるために先回りしてチームを作っていかなければなりません」

「直感」の重要性

数年先を見越しながらチーム作りを行い、選手を一定数入れ替える。そして年間を通して適切な強化計画を立て、試合に向けてしっかりと準備をしたとしても、試合での判断を誤ってしまっては元も子もない。

成功するためには、試合前に立てたプランを臨機応変に対応する能力も重要になってくる。

「イタリアのベネトンのクラブの強化を手伝ったときに、チームにはスクラムハーフにイタリア代表の選手がいました。この選手の力量は、間違いなくワールドクラスでした。ところが、そのヘッドコーチはなぜか彼を重要な試合でリザーブにしたんです」

試合が始まると、ベネトンがずっとアタックしていながら点が取れずに、前半20分を過ぎてもスコアは0対0のまま。エディーさんはイライラしていた。

「点が取れなかったのは、先発したスクラムハーフのプレーが遅かったからです。『どうして、あのスクラムハーフを代えないんですか?』と聞いたら、『試合前のプランに従って、後半から交代したい』とベネトンのヘッドコーチは答えました」

その結果、試合は前半が終わった段階で0対17と敵にリードを許すことになった。エディーさんの見立てでは、前半20分の段階でスクラムハーフを交代していれば、スコアはまったく逆になっていた可能性が高いという。

「まさに、これこそ『アート』の部分です。試合前のプランに拘泥していては勝利を逃します。試合中は感覚を研ぎすまし、己の直感を信じて、それに従わなければならない。リードされてから手を打つのではなく、『勝ちにいくための勇気』が必要なのです」

試合前に考えたプランを変えてしまうのは、自分を否定することにつながる。選手からの信頼も失いかねない。なぜなら、ベネトンの指揮官は「後半からスクラムハーフを交代させる」と明言していたかもしれないからだ。しかし、いざ試合が始まってしまえば、選手交代のタイミングは、直感に依るところが多いのだ。

では、指揮官の直感は磨くことが可能なのだろうか。

「経験を積むことで、直感は鋭くなると思います。それと、そのヘッドコーチにとってのメンター（師匠）が誰であったのかというのも直感に影響してきます。選手時代に、自分の師匠がどんな直感に従って指揮を執っていたかが受け継がれるからです」

エディーさんの師匠は、ボブ・ドワイヤーだ。１９９1年の第2回ワールドカップでオーストラリアを初優勝に導いた名将である。実は、ドワイヤーはエディーさんに対して非情な決断を下した指揮官でもあった。

「これは試合の現場ではなく、チーム作りにおける『直感』の話になります。ボブは絶対に妥協しないコーチで、タフな判断がしっかりできる人物でした。私はランドウィックというクラブでフッカーのレギュラーで、その上のカテゴリー、ニューサウスウェールズ州代表の先発でもありました。同じ州代表にはフィル・カーンという優秀なフッカーがいて競い合っていましたが、ボブはワラビーズのメンバーを選出するときに、州代表のレギュラーだった私ではなくフィルを代表に選んだのです。なぜだろう？　と思いました。悔しかったですよ。でも、その後にフィルは素晴らしい選手へと成長したので、ボブの判断は100%、正しかったんです。彼は妥協せず、直感を信じてチームを作り上げた。『ガッツ』があるんです。その影響は私にも受け継がれていると思います」

若い選手を代表に抜擢するポイント

自分は落とされ、他の選手がワラビーズに選ばれた。エディーさんにとっては最大の屈辱だろう。その苦い経験はどのようなかたちでいまのコーチングに生かされているのだろうか。

「私もそうでしたが、選ばれなかった選手は納得できませんよね。ただ、私がいまヘッドコーチの立場になって気をつけているのは、外した選手に対しては、ディスカッションが必要だということです。なぜなら、外された選手は感情的になっているので、到底受け入れることができない。だから、話をして、ある程度は感情を吐き出させます。大事なのは、少し時間が経ってからもう一度、話をすることなんです」

選手を外すことには、ガッツが必要なのだ。しかし、その一方で外した選手に対するケアが大事なのである。ただ、もっとも大切なのは、そこで引き上げた選手の能力を発揮させることである。

では、エディーさんが選手を代表に抜擢するときに重視するポイントとは何なのだろう。

「私がボブから学んだのは、ひとりの選手に十分な力があると可能性を感じたなら、代表に選んでしまった方がいいということです。ポテンシャルを感じた段階ですぐに引き上げた方がいい。たとえば、いまの日本代表でいえば、福岡は選んだ時点では十分な力はなかったかもしれませんが、有り余るポテンシャルがあった。そういう時は、直感に従うべきです。上のレベルでプレーさせれば、ポテンシャルが開花するチャンスが増えるからです」

カギとなるのは、そのひとりの選手にどれだけの「可能性」を見出せるかなのだ。

エディーさんが日本代表に若手を抜擢する背景には、過去の成功体験もある。

２００２年にエディーさんが率いるワラビーズに若くして抜擢されたセンター、マット・ギタウはいまもフランスのリーグでプレーし、息の長いキャリアを誇っている。

「初めてギタウのプレーを見たのは、オーストラリアのクラブ大会の決勝戦で、彼はまだ10代でした。私の親友が『ぜひとも見て欲しい』というので足を運んだのですが、最初の10分間を見て、彼がピッチにいる30人のなかで、ただひとり図抜けた能力を持っていることが分かったんです」

そこでエディーさんはいきなりギタウをワラビーズに抜擢することを決断する。

「直感を信じたんです」

ギタウの国際舞台でのデビュー戦は、２００２年のヨーロッパ遠征、11月16日に行われたロンドン、トゥイッケナムでのイングランド戦だった。この試合は、ワラビーズが31対32でイングランドに敗れているが、接戦でギタウは起用された。

「ギタウはまだ、スーパーラグビーでもプレーしておらず、アマチュアでした。最後の10分間に彼を投入したのですが、最初のプレーでノックオンをした。次のプレーではひどいパスを放って、タックルミスもあった。決していいデビュー戦ではありませんでした。でも、その翌週のイタリア戦でもやはり10分間プレーさせると、今度は素晴らしいパフォーマンスを見せてくれました。そこからです、彼の本当のキャリアが始まったのは」

1週間後の11月23日にジェノアで行われたテストマッチでは、オーストラリアは34対3でイタリアを粉砕している。

その当時は、セブンズのコーチをしていたエディーさんの親友以外に、ギタウのプレーに注目している者はいなかった。全くの無名で、78キロしかなかった若者に、エディーさんは「輝き」を見いだしたのだ。

「彼の目はキラキラ輝いていましたね。ちょっといたずら好きというか、そんな匂いがしていました。勝つチームを作るためには、時としてそんな選手が必要なんです」

それでも、自分が抜擢した選手にミスがいきなり続いたら、指揮官としては心穏やかではいられなくなるのではないか。

「私にも優しいときがありますよ。翌週もまたリザーブに入れて、実際に使ったわけですから。もし、私がギタウをイタリア戦でメンバーから外したとしたら、『コーチは自分を信じていない』と思ったに違いありません。どんなに甘い言葉をかけたとしても、メンバーに入っているか否か、それが最大のメッセージですから。若い有能な選手をアッという間にステップアップさせるか、それともじっくりと育てるかは、ヘッドコーチがコントロールできる部分です。そこでは、直感が重要になる場合もあるんです」

たしかに、どんな選手もミスからは自由ではない。

「もし、ギタウがイタリア戦でも同じようなミスをしていたとしたら、『何が問題なのだろう?』と私自身に問いかけていたと思います。起用した場面は正しかったのか、それとも選手のメンタリティに問題があるのか。ただ、特別な選手は必ず数回のうちに結果を出すものですよ」

選手のセレクションは、代表レベルでだけでなく、それこそ小学生の段階から指導者に発生する仕事だ。外された選手（そして親）は当然、面白くないし、新しい選手が抜擢されたというのは、誰かが外れたことを意味する。チームにとっての影響も小さくはない。

「ギタウのような特別な選手については、将来的にポジティブな結果が絶対についてくるので、チームに悪い影響が出ることはありません。もちろん、外された選手は受け入れられないでしょう。もし、それが悪影響を及ぼすのなら、その選手を外せばいいだけの話です」

簡単な答えである。ボブ・ドワイヤーの遺伝子はたしかにエディーさんに受け継がれている。すべてはチームにとってプラスになるかどうか、それが唯一の判断基準なのだ。

エディーさんは、日本のトップリーグには若い選手を思い切って起用するヘッドコーチが少ないという。

「ミスをしないことに意識が向き過ぎていて、ルーキーにチャンスを与える勇気がないんです。これは日本的なメンタリティだと思います」

指導者の「我慢強さ」が選手の成長を促す

若手の成長を促すには、強化体制の整備はもちろんだが、指導者の「我慢強さ」が重要になる。ギタウがイングランド戦でミスを連発しても、エディーさんは寛容に受け止めた。

「昔と比べれば、いまの方が遥かに我慢強いですよ。年齢を重ねることで、焦っても仕方がないと思えるようになりました。才能あふれる特別な選手に対しては、ヘッドコーチとして『時間』を与えなければならないのです」

ここでエディーさんは野球のイチローと松井秀喜の比較論を展開した。

「松井選手はプロに入ってすぐ、ルーキー・イヤーに一軍デビューしていますね。彼は天性の身体の強さ、パワーを持っているからそれが可能だったのです。一方で、イチロー選手は少し、時間がかかりましたよね。それは彼が『スキルフル』な選手で、プロの世界でのスキルを磨くのに時間が必要だったからです。だから、イチロー選手のようなタイプの選手を預かった場合、指導者は長い目で見守る必要がある。決して即断してはいけません」

この比較は、日本人には分かりやすいだろう。「職人」の育成は手間がかかる。技術系の選手に対しては、時間の投資が必要なのだ。

「素質ある選手を開花させるためには、我慢が必要です。ただ日本ではそれ以前に、人の育て方も含めて、スポーツを取り巻く環境や発想の根本的な革命が必要なのかもしれません」

余談だが、イチローと松井（著書のなかで、ラグビーが好きだと書いている）がラグビーをプレーしていたら、どのポジションだったか、エディーさんに尋ねてみた。

「松井選手は体が大きいですし、いいナンバーエイトになったんじゃないですか。イチロー選手はスマートですから完璧なインサイド・センター（12番）になっていたでしょう。決してディシジョン・メーカーではないし、リーダーのタイプではないけれど、素晴らしい判断力をゲームの中で見せてくれたはずです」

ラグビー・ファンとしては、ぜひ見てみたかった布陣ではある。

Try 5 革命の起こし方

日本の課題を整理する

敗者にフォーカスをあてる日本のメディア

前章でエディーさんは「スポーツを取り巻く環境や、発想の根本的な革命が必要なのかもしれません」と語った。

この章では、ラグビー界だけではなく、少し視野を広げて日本の社会のあり様も意識しながら、現在の日本のスポーツ界が抱える問題点とその解決策に目を向けてみよう。

「国立スポーツ科学センター（ＪＩＳＳ）に行ったら驚きますよ。なぜ、アスリートのための国のトレーニング施設に喫煙所があるんですか？　選手じゃなく、コーチのために作っていると言い訳するかもしれませんが（笑）」

実際に、２０１5年5月にはハンドボール日本代表の選手たちが喫煙所以外の場所でたびたび喫煙していたことで処分を受けたという報道があった。

このエピソードなどは、日本のスポーツ界のディシプリン（規律）の欠如を端的に表している。戦う以前の問題が多すぎて、選手の強化をマイナスの地点から始めなくてはならない競技団体も少なくないのではないかとさえ思えてくる。

エディーさんの疑問は、スポーツを取り巻くメディアにも向けられている。

「日本のスポーツ報道で不思議に思うのは、ビッグゲームの終了後に必ずといっていいほど負けたチームにフォーカスが当たることです。選手が涙を流している姿が必ず映し出される。欧米であれば、通常は勝ったチームにフォーカスが当たります。日本には、勇敢に戦って負けたということを誇りにする文化があるのかもしれません。私は試合後に負けて泣くくらいなら、すべての感情を試合で出し切って欲しい、と思ってしまいます」

エディーさんはここで、〝hidden pride〟という言葉を使った。「隠れた誇り」とでも訳せばいいだろうか。たとえ負けたとしても、自分たちは出来ることをすべてやって負けた、それを誇ってもいいのではないか、というニュアンスだろう。

アメリカでは、〝moral victory〟という言葉も使われる。同じように、負けたとしても最後まで諦めずにプレーしたとか、最後に一矢を報いたというような場合に、この「モラル・ビクトリー」という表現が用いられる。

「スポーツのひとつの目的は、勝つことにあります。そのために膨大な時間を費やすのですから、私は勝者に注目してしかるべきだと思うのですが」

甲子園に代表されるように、日本では表彰式では勝者と敗者が同じ場で讃えられる。アメリカでは通常勝ったチームだけで、そこは歓喜の場となる。「勝つ」「優勝」だけによりスポットを当ててもいいのかと思う。

クリエイティビティを軽視する社会

私も敗者に焦点を当てて書くことがある。努力が報われなかった選手を描くことで、「頑張って良かったな」と思ってもらえるケースもあるし、日本では敗者の美学的なストーリーの需要があるのも確かなのだ。正直にそう話すと、エディーさんはこうリクエストしてきた。

「それならば、敗者であっても、よりクリエイティビティの面に焦点を当てて欲しい」

一般的に、日本ではスポーツを表現する場合に「創造性」や「クリエイティビティ」といった言葉が使われることはほとんどない。欧米ではよく使われる表現なのだが、そもそも日本にはスポーツに創造性を求めるという発想自体が希薄なのかもしれない。

「日本にクリエイティビティを賞賛する発想がないのは不思議です。というより、もったいないと思いますね。クリエイティビティがあるからこそ、日本人のアスリートも世界に出て活躍できているわけですから。メジャーリーグのイチローや青木宣親《のりちか》。彼らは体格的には恵まれていませんが、自分の能力をクリエイティビティを使って最大限に発揮している。サッカーの香川真司もすごくクリエイティブな選手だと思います」

エディーさんの香川に対する評価は極めて高い。

「もし、私がサッカー日本代表のヘッドコーチだったとしたら、真っ先に香川を選んで、どのポジションでプレーしたいのか質問します。彼の意見を積極的に取り入れてチーム作りをしていくでしょう。なぜなら、香川は他の誰も持っていないものをチームにもたらしてくれるからです」

他の誰もが真似できないようなアイデアを、プレーで実践し得点につなげる。リスクはあるが、それも承知だ。それがクリエイティビティの実態だ。

では、ラグビーの日本代表でクリエイティブな選手はだれなのだろうか。

「スクラムハーフの田中史朗ですね。ただ、彼は自分ではそのことに気付いていないかもしれませんが（笑）」

自分の長所に気付かない社会

田中に限らず、自分の持ち味に気付かなかったり、長所を前向きに評価したがらないのが日本人の特徴だとエディーさんはいう。たしかに、自分の長所を他人の前で滔々と述べるのは日本人の美学にはそぐわないかもしれない。

「サントリーの選手と一対一の面談をしたことがありました。私は、選手一人ひとりに『あなたの強みは何ですか?』と質問したんです。そうしたら、みんな判で捺したように、自分の出来ないことを三つくらいあげるんです。そんなことは聞いてない、強みを教えて欲しいと話すと、選手たちはそこで黙ってしまう」

選手たちは少し考えてから、ようやくひとつ、ふたつと自分の強みを話し出す。エディーさんはこれも、日本の教育の影響だろうと考えている。

まずは、自分が向上できる部分を探すのが日本人である。否定的な部分を探すのに慣れてしまっているのだ。自分を肯定的に捉えるのではなく、否定的なところから入って自分の成長ルートを導き出す。その方が指導者に評価されるからだ。エディーさんは、日本代表に「革命」を起こすためにも、この発想法を変えたかった。ヘッドコーチになって3シーズン目に入ると、やっと謙遜気味だった選手に変化が表れ始めた。

「日本代表には、三上正貴(東芝)と稲垣啓太(パナソニック)というプロップがいます。ふたりには自分の強み、長所を意識して欲しいと思っていました。三上はスクラムが強い。一方の稲垣はワークレートが高く、素晴らしいタックラーです。彼らは自分の強みを理解して、切磋琢磨している。これこそが、まさしく私が望んでいる競争状態です」

自分の能力への気づき、「セルフ・アウェアネス」がラグビー選手のインテリジェンスにつながるとエディーさんはいう。自分の能力がチームの中でいかに機能するのか、それを理解している選手がスマートなのだ。

そのためにはまず、自分を肯定的に捉えることから始めなければならない。

選手のマインドセットを変える

これまで、世界の強豪を相手に大差で負け続けてきた日本代表や関係者の言い訳をエディーさんはたくさん耳にしてきた。

「体格が違い過ぎる、全員がプロじゃない、といったものからはじまって、なかには、農耕民族だからという意味不明な言い訳まで。相手を煙に巻くという意味では素晴らしい言い訳です。農耕民族って、なんですか？　ニュージーランドだって農業国ですよ。戦う前から、言い訳が用意されているようなマインドセットは変えてしかるべきです」

エディーさんは選手たちが戦う前から、心のどこかに潜在的に持っている言い訳を一切許さなかった。就任以来、あくまで自分たちは勝つために戦っているのだということを、練習と試合を通して徹底的に叩き込んでいった。

3年目を迎えて、選手たちが自分たちの能力を肯定的に捉え始めた結果、大きく改善したポイントがある。それがスクラムだ。

かつてはスクラムを組めば不利が当たり前で、自陣ゴール前での相手ボールスクラムともなればトライを奪われるのを覚悟しなければならなかった。だが、今やスクラムトライが期待できるまでに日本のスクラムは安定しつつある。

ところがフッカーの堀江翔太などは「ジャパンのスクラムが強くなったのは僕のおかげです（笑）」とあっけらかんと話すようになった。ワールドカップで対戦する南アフリカについても「あれくらいなら、押せますよ」とまで……。

スクラムの強化には長い時間を費やす必要があったという。それは技術面だけではなく、選手たちの「意識改革」を行わなければならなかったからだ。

「私が就任した当初、選手たちには『外国の強豪を相手に、スクラムを組んでもどうせ勝てない』という負の意識がどこかにあったはずです。まず、そういうメンタリティを変えることから始めなければならなかったのです。こうした意識を変えるには、かなりの時間を要します」

エディーさんは、こうした意識改革を「マインドセットを変える」という言い方で表現する。

「スクラムは芸術であり、素晴らしい研究の対象であり、教えるに値するものです。日本の選手には基本的に、スクラムは面倒くさいという先入観がありました。そのうえ、マインドセットが、『スクラムを組んでもどうせ負ける』というネガティブなものです。人間は負けると思ったら絶対に負けます。私はそうした発想を変えたかったんです。頭の底にこびりついた負の意識を変えるためには、様々な方法を駆使しなければなりません。それくらい、固定観念を変えるのは難しいことなのです。そこで、私は自分とはまったく違うタイプのコーチを連れてくることにしました」

異分子を投入して組織に刺激を与える

エディーさんはスクラムを強化するための具体的な方法として、「異分子」を投入した。フランス出身のスクラム・コーチ、マルク・ダルマゾである。エディーさんの場合、アシスタント・コーチを採用する際に重視するのは、専門知識でエディーさんを上回っていることだ。

「マルクは私よりもはるかにスクラムのことを知っています。スペシャリストが鍛え上げるのですから、意識を変え、普通に練習をすれば強くなる。単純な話です。マルクについていえば、彼の人生がまさしく『スクラム』そのものなんです」

マルクは、ただそこにいるだけで個性の際立つ存在だ。スキンヘッドで鍛えあげられた肉体は周囲の者に威圧感を与えるし、なにやら奇声をあげているところを目にしたこともある。正直にいえば、彼がそばにいるとなにか落ちつかなくなってくる。そんな異分子なのだ。

日本代表のある選手はマルクの印象をこう語る。

「最初はいったい何を考えているのかさっぱり分かりませんでしたよ。言葉が抽象的だし、練習ではスクラムの上にいきなり乗っかって、思いっきり揺さぶってくるし」

コーチというよりも、アーティストがひとり混じっているという感じなのだ。エディーさんもマルクの異分子ぶりを認める。

「正直、彼はキャラクターとしてはクレイジーな面もあります（笑）。けれど、スタッフのなかに彼のようなキャラクターがひとりいるとアクセントになるということも見逃してはいけません」

同じようなタイプの人間ばかり集まると、時間が経つにつれて緊張感が失われてしまいかねない。マルクのような異分子を受け入れることの効用をエディーさんは力説する。

「ヘッドコーチになる人間はバランスが必要です。ただし、スタッフの中には、アーティスティックなコーチやマネージメントに執着する人間がいてもいいんです。そのコーチがもっとも得意とするところに特化してコーチングしてもらい、欠けている部分を他のスタッフで補って、ヘッドコーチがバランスをとればいい」

たしかにエディーさんは、マルクがスクラムのコーチをしている間は静観しているだけだ。完全に責任を与え、強化を任せている。

この他にも、様々な意味で「魅力的な」人材が日本代表にはいる。現在、ストレングス＆コンディショニング・コーチのジョン・プライヤーも、選手のパフォーマンス向上に大きく寄与したが、弱点もあるという。

「彼は本当に素晴らしいコーチです。ただ、ドキュメント、書類の提出を求めたりすると、これが出来ないんです。冗談じゃなくて、本当なんですよ。でも、それでいいと思っています。もしも、20年前の私だったら必ずドキュメントの提出を要求していたでしょう。でも、私がそこにこだわりすぎたとしたら、彼はストレスを感じ、コーチングの能力に影響が出る可能性があります。私も経験を重ねたことで、気にしなくなりました」

アーティストを使いこなすディレクター。それがエディーさんの立場だと考えればいいだろうか。

また、スポットではあるが、さらに専門性に特化したコーチも存在する。目のトレーニングを担当する「ビジョン・コーチ」であるシェリル・コールダーだ。シェリルは２００３年のワールドカップでイングランドを、２００７年の大会では南アフリカを優勝に導いたコーチでもある。かつてエディーさんはサントリーのコーチを務めているときにも彼女を招聘している。

「彼女はもともとホッケーの選手で、他の競技のスポーツの経験はありませんが、あらゆる競技のアスリートにトレーニング・プログラムを組んでいます」

シェリルは、次のようなエリートのコーチを担当した経歴を持つ。

・ゴルフ　アーニー・エルス／セルヒオ・ガルシア／レティーフ・グーセン
・Ｆ１　マクラーレン

・テニス　　アナ・イワノビッチ
・アイスホッケー　　バンクーバー・カナックス
ゴルフのアーニー・エルスは、シェリルの指導を受けた後に２０１２年の全英オープンを10年ぶりに制した。

しかし、ビジョン・トレーニングとはいっても、どうもぴんとこない。いったいどんなトレーニングなのだろうか。

「ソフトウェアが開発されていて、目のトレーニング、というよりも『視野』のトレーニングと言った方が正確ですね。コンピュータを使って視野を広くする訓練をしたり、目と手の連携を高める『ハンド・アイ・コーディネーション』を刺激するソフトもあります。ラグビーに即したシンプルなトレーニングとしては、６人で円を作り、ラグビーボールを上に投げ、どこにバウンドするかを予測するものもありました。楕円球はどこに転がるか分からない、と思っている人が多いですし、それがラグビーの魅力であることは間違いありませんが、実際はボールの動きをしっかりと見ていれば予測は可能なんです」

エディーさんはビジョン・トレーニングの話をする前に、日本の多くの選手は日常から視野を広くすることが大切だと主張する。

「スマートフォンは最悪です。アスリートにとっていちばん悪い。自然と、視野を狭くしているんですから。携帯をいじることによって視野狭窄のトレーニングをしているようなものですよ」

メディカル・スタッフが勝敗を分ける

コーチだけでなく、チームを支えるうえで重要になるのはメディカル・スタッフである。ラグビーのようなコンタクト・スポーツではケガはつきものだ。特に前十字靭帯損傷のような大けがの場合は、効果的なリハビリ・プログラムを実行することが選手の早期復帰につながり、チームの利益となる。

「オーストラリアは医療のレベルは高いと思いますが、アメリカの方が上ですね。特に手術の後のリハビリの質はアメリカは高い。それだけでビジネスとしても成立しています。日本で素晴らしいのは、ドクターとトレーナーです。これは、アメリカに匹敵する高いレベルでしょう。日本代表のドクターはいい仕事をしてくれていますし、トレーナーは私がもしも他の国の代表コーチになったとしても、今のトレーナーを引っ張っていきたいほどです。長時間労働を厭わないし、何より質の高いケアを提供してくれます。仕事に対する姿勢もプロフェッショナルで、きちんと情報を共有してくれます」

トレーナーにとっても大切なのは「決断力」だ。ケガのマネージメントで必要なのは、最初の段階で身体のどの部位に問題があるかを的確に把握し、リハビリのプランを立てることだという。

「タイム・イズ・マネー。時間はお金です。選手が一日でも早く戦列に復帰してくれれば、チームにとって大きな利益となります。最初の見立てが重要なんですよ」

エディーさんが気にかけているのは、日本では高校、大学時代に長時間の練習をした影響で、慢性的なケガを抱えている選手が多いことだ。

「大学を卒業してから本格的に治療をするというケースもよく耳にします。そこで時間的なロスをするのはもったいない」

他競技から学ぶ

エディーさんはチームの強化のため、ラグビーにとどまらず、他競技からヒントをたくさん得ている。

「ヨーロッパ・サッカー、NFL、オージー・ボールの3つの競技は競争が激しく、コーチングにも高いレベルが要求されていて、成功するためには方法論が必要です。思考法から具体的なプランまで、あらゆることがラグビーに応用できます」

エディーさんはかつてオージー・ボール（オーストラリアン・フットボールとも呼ばれる）の名将から貴重なアドバイスをもらったことがある。

「ケビン・シーディという名コーチがいました。エッセンドンというチームを26年間率いたプロコーチです。彼から受けたアドバイスで忘れられないのは、『コーチは知識だけがすべてではない。最後はキャラクター、人間性で選ぶものだよ』と。プレーの知識はいくらでも増やせるけれど、人間性は変えられないということです」

専門性を求めながらも、最終的に革命を起こすために必要なものは、その人間のキャラクターなのだ。

チーム、仕事への忠誠心。100%の献身ができるかどうか。ヘッドコーチはあらゆる要素を見極めなければならない。

エディーさんは、成功しているチームから学ばないのは怠慢だと釘を刺す。

たとえば、選手が効率的に練習できるようにするための適切な回復時間についてはNFLに学んだという。

「NFLでは、試合の翌日は軽く汗をかき、アクティブ・レストという形を取ります。そして試合後2日目も少し練習の強度を上げる程度にとどめます。つまり、試合後48時間までは再び筋肉にダメージを与えるような激しいトレーニングは行わないのです。ようやく試合の3日後にコンタクトスーツを着たうえで、ハードにトレーニングをして、週末の試合に備えます」

コンタクトスポーツで、試合に負けた罰則として体を激しく接触させるような練習をしては、回復の妨げになるということだ。ワールドカップのように、試合間隔が不規則な大会の場合、こうした他競技の練習プランが役立つのだという。それをアレンジして実行するのがヘッドコーチの役割だ。

ディシジョン・メーカーを計画的に育てる

他競技から学びつつ、あらゆる知識を統合して、ヘッドコーチはターゲットとする大会に向けての「練習計画」を練っていく。大会期間から逆算して年間計画、季節ごとのプラン、月間、週間、そして日々の計画へとブレイクダウンしていく。

「一年間の計画を立てる時に、私が最初に行うのはターゲットとなる相手との『ギャップ』の分析です。私がブランビーズで一年目のシーズンが終って、上位のチームとのギャップを分析するのに数字を用いていたのと同じ方法ですよ。いま日本代表はどの位置にいるのか、そして一年後、対戦する相手とのギャップはどれほどあるのか。その分析をあらゆる角度から行っていきます。そこで抽出された課題に優先順位をつけて解決していきます」

たとえば、スクラムはかなりベースアップが図られたので、ワールドカップ・イヤーにはそれほど時間を割かなくて済む。鍵となるのは「時間」との戦いだ。それまで積み重ねてきたものが多ければ多いほど、ブラッシュアップに時間をかけることが可能になる。

「課題を解決するための時間は十分にあるのか？　年間計画を見渡して判断しなければいけません。1カ月単位、1週間単位でどれくらいの練習が必要なのか見極めていきます」

練習の計画を立てるにあたって大切なのは「サイエンス」だとエディーさんはいう。

「ベースはサイエンスです。戦う上で、議論、交渉の余地がない数値というものは存在します。特にフィットネスのレベルは重要です。ポゼッションを重視する戦術では、ボールをリサイクルできるフィットネスがなければ、すべてのプランは机上の空論になってしまうからです」

2015年、ワールドカップに向けての最終フェイズに入って、強化計画はさらに具体的になっていった。

「選手のパフォーマンス・レベルを上げなければいけないポジションがあります。『ディシジョン・メーカー』たちです。ポジションでいえば、フッカー、ナンバーエイト、スクラムハーフ、スタンドオフ、フルバックです」

フィフティーンの背骨のような存在のポジションだ。

「プレッシャーがかかる状況で、ディシジョン・メーカーたちが自信を持って正しい判断が下せるような状態にして送り出さなくてはなりません」

特に、フルバックの五郎丸歩（ヤマハ発動機）はディシジョン・メーカーというだけではなく、プレースキッカーとして代表の得点源になっている。その安定性はまさに勝敗に直結する部分であり、エディーさんが気を配っているエリアだ。

「プレースキックの安定性を向上させるためには、いろいろな方法論がありますが、いま五郎丸はメンタル・コーチと一緒に、ゴールキックのルーティーンに取り組んでいます。この課題に関していえば、私が五郎丸に付きっきりでトレーニングをする必要はないんです。専門のコーチに任せておけばしっかりと結果を出してくれるはずです。実際にいるスタッフを把握して、選手の能力をどのように引き出すかを考えていくのが私の仕事です」

エディーさんは五郎丸に、ワールドカップでのプレースキックの成功率を「85％」にまで高めることを要求している。２０１４年シーズン、日本代表での五郎丸の成功率は81％。五郎丸は「４％上げることは並大抵のことではありません」と話す。しかしその「４％」の差が勝敗を分けることをエディーさんは知っている。

Try 6

教育の価値を考える

「リクリエーション」の意味

第二次世界大戦後の日本の復興は、エディーさんにとって印象深い出来事のようだ。ひょっとしたら、ラグビーで日本代表に可能性を感じたのも、そうした歴史的な背景を知っていたからかもしれない。

エディーさんは「リクリエーション」という言葉の意味を、日本人はもっと知るべきだと力説した。日本では「レクレーション」という和製英語になっているが、本来は「再創造」という意味だ。

「戦争によってインフラや組織などそれまでの社会基盤がすべて破壊されても、人間の営みは続いていったわけです。戦後、日本は社会の『リクリエーション』に成功しているんですよ。これは、世界に誇るべき偉業です」

しかし、スポーツに限って言えば、そのときに誤った方向に価値観が向いてしまった。

「スポーツ、リクリエーションとは、人間がクリエイティブになるために必要な活動のことなんです。仕事などでストレスを感じていたとしても、スポーツをすることで、再び人間はクリエイティブになれる。しかし、残念ながら、戦後の日本ではスポーツが持つ『リクリエーション』の本質から目を背けてしまった。学校や企業などの組織では、戦争によって覆された社会の規律を改めて落とし込むために、スポーツを道具として使ったのではないでしょうか？　具体的なコーチングの方法として、戦前の軍隊的な風習が根強く残ってしまった。上意下達の命令形で、いまだに日本のスポーツ界は、その呪縛から逃れられないように思えてなりません」

そうした土壌が、自分のパフォーマンスを否定的に捉える選手たちを続々と生み出してしまったのかもしれない。再創造という言葉の意味を考えるだけでも、日本のスポーツは大きく変わる可能性があるとエディーさんは信じる。

「これはラグビー界だけの問題ではありません。日本のスポーツ界は精神性が重視され、科学、栄養学、医学といった分野が遅れていると思います。日本のラグビー界もトップリーグのクラブでさえ、科学的な発想が不足しています。そしてなんといっても、コーチングがアートであるという発想がまったく欠けています」

教育の価値

スポーツが人間に対して与える前向きな影響や、リクリエーションの本質を考えるときに、必要となってくるのが教育的な視点だ。

エディーさんは教師として働いた経験があり、教育とラグビーとの関係を熱心に考えている。仕事上、各国をとびまわっているので、国による教育システムの違いについても詳しい。世界の他の国々と日本を比較して、いちばん違いを感じるのが「表現力」だという。

「ニュージーランドのラグビー・アカデミーに行ったときの話です。そこにはニュージーランド、アメリカ、フィリピン、オーストラリアの若い選手たちが参加していました。キャンプの最後に『アカデミーで得た経験を話す』というプレゼンテーションを一人2分間で行う機会がありました。それぞれのお国柄が出ていて、とても興味深かったんです。いちばん素晴らしいプレゼンテーションをしたのはアメリカ人でした。何よりも姿勢がよく、自信に満ちた口調で堂々と、何を学んだかをコンパクトに話していました。オーストラリア人も悪くはなかったけれど、アメリカの選手ほどではなかった。この表現力、クリエイティビティの違いがどこから生まれてくるのかというと、個人の能力や資質ではなく、教育のシステムがそこに反映されていると思うのです。アメリカの教育システムをすべて肯定するわけではありませんが、自分に自信を持ち、意見をはっきりと他者に伝えることに重点を置いている。もしも、その場に日本の選手がいたとしたらどうなったでしょう?」

たしかに、日本人は人前で話す教育を受けていない。自分のことで手いっぱいで、自分の意見を他人に伝える能力には劣るかもしれない。プレゼンテーションでも余裕がないはずだ。

「おそらく、予《あらかじ》め紙に下書きをしておいて、その文書を棒読みする可能性が高いのではないでしょうか。ユーモアもなく、聴いている人たちの目を見ようともしない。これでは、尊敬も、友情も得られません。これは日本の教育システムの影響だと思いますし、スポーツのチーム作りにも影響を与えます。だから、私は自分の生まれ育った国とは違う土地でコーチをする場合、その国の選手たちが受けてきた教育や文化的な背景を視野に入れてチーム作りをします。ただ、否定するだけではダメです。しっかりとその国の文化をリスペクトした上で、弱点を分析していくことが重要なんです」


エディーさんは日本のスポーツ界でよくみられる「横並び」の意識に疑問を感じている。団体競技の場合、当然、ユニットでの練習は必要だが、それぞれの選手によって個性や資質が違うから、練習メニューも違っていいはずなのだ。

「『普通でなければならない』というプレッシャーが日本全体を覆っているから「横並び」になるんでしょうね。プロ野球でも不思議だと思うのは、12球団すべてが2月1日にキャンプインしますよね。選手によってコンディションは違うわけですし、ベテランとルーキーが同じメニューということはあり得ません。それなのに、全てのチーム、選手が似たような日程で一斉にキャンプを始めている。いろいろと研究して、ベストの方法を見つけ出せば、それだけでアドバンテージになるはずなのに、どうしてそうしないんでしょうか？　きっと、みんなと同じことをやらなければ潰されるというプレッシャーがあるんでしょうね」

２０１５年にアメリカから広島カープに戻った黒田博樹は、２月１日にキャンプインせずに、自分のペースで調整を進め、２月中旬からチームに合流した。こうした方法は日本では異例であり、シーズンに入っても黒田が成功しているのを見ると、２月１日一斉スタートはまったく意味を成さないことが分かる。要は、「２月１日キャンプイン」も日本人ならではのセレモニーなのだ。

「自分のパフォーマンスに関して、しっかりと責任を持って結果を出す。それがプロの方法論だと思います。自分の責任で万全の準備をするのは当たり前なんです。黒田投手は、自分の責任においてしっかりと仕事をしている。それが世界のスタンダードですよ。裏を返せば、日本の選手たちは自分の頭で考えずに、コーチに頼り過ぎている」

考えない習慣、頼り切ってしまう自主性のなさは、子どものころから、コーチや先生に依存し続けてきた結果なのだ。ここにも教育の問題が垣間見える。ジュニアレベルのコーチたちが、子どもたちの自主性を育むような指導法を意識しなければ、日本の選手たちの精神構造は変わっていかないだろう。

「現在、指導者の立場にある先生やコーチたち自身も、そうした自主性を育まない教育しか受けていないので、その方法論しか知らない。どこかで流れを変えない限り、歴史は繰り返されます。それで、いいのでしょうか?」

叱ることに意味はあるのか?

ジュニア、高校のコーチにいたるまで、様々なスポーツの試合を見学していると、指導者がネガティブな言葉で子どもたちを叱責するのが多いことに驚かされる。「ストレス耐性」は身につくかもしれないが、クリエイティビティを育むには程遠い環境だ。

エディーさんはコーチたちに「こんな選手を育てたい」というイメージや理想が欠如しているだけでなく、「あきらめ」が蔓延《まんえん》しているのではないかと危惧している。そこで、香港にあるオーストラリア系列のインターナショナル・スクールでラグビーのセッションを行った際の体験を話してくれた。

「生徒たちの態度が悪かったんです。話を聞かないし、学ぼうとする意欲も感じられませんでした。セッションのあとに先生方とミーティングをしたんですが、私は学校で働いた経験もあったので、『なぜ、生徒たちのあのような態度を受け入れているんですか』と質問しました。すると先生たちはこう答えたんです。厳しく接すると、生徒が家に帰ってから親に不満をいう。そうすると、今度は親が学校へクレームを入れてくる。苦情が来たら、校長に説明しなければならない。その繰り返しならば、注意する価値がない――。同じようなことはスポーツのコーチングの世界でも起きています。厳しいスタイルでは親から苦情が出てしまう時代ですが、だったら、違った形を考えればいいだけの話です。そこであきらめてはいけない。それがアートなんです。違う方法を考えないのは怠慢です」

エディーさんも、指導の現場で選手たちを怒るのは避けられないことは認めている。ただし、日本ではネガティブな部分に指導者が反応しているケースが多いのが気になるという。

「大声でネガティブな言葉を選手に浴びせるのは、言葉の暴力にエスカレートしかねません。マイナスにしか働かない。日本人のコーチは、なぜか選手のマイナス部分に目が行ってしまう傾向が強いとずっと感じています。それに比べて、オーストラリア人のコーチは比較的ポジティブなプラスの面を見るように思います」

指導者のネガティブなマインドは選手たちにも伝染していく。それが、日本代表のレベルであっても。

「日本代表の監督に就任したとき、選手たちと一対一の面談をしました。『自分の強みはなんですか？』と質問しているのに、選手たちは必ず自分のマイナス面についてまずは答えるんです。サントリー時代に選手と面談した時と同じで、ジャパンの選手たちでさえ、自分が出来ないことを最初に言うんですよ。私はそんな質問をしていない、あなたの得意なことを聞いているんだよと質問し直すと、今度は視線が落ちて、言いにくそうにしている。少し経ってからようやく自分が自信を持っているところを話し出します。就任してから3年ほど経って、いまはそうした部分は変わってきたと思いますが。なぜ、こうしたプロセスが必要かというと、日曜の試合が終わってから、自分のパフォーマンスを振り返って何が良かったのか、どこが問題だったのかを分析して、月曜日には成長するための方法まで自分で考えられるようになって欲しいのです」

自分を客観視する習慣が、日本の選手には不足しているのかもしれない。これはベテラン選手の域に入ってもなかなか変わらない。エディーさんがコーチとして出来ることは、それまでとは環境を変え、ポジティブな雰囲気を作り出すことだという。

「ちょっとしたことで、雰囲気は変わります。これはサントリーでも、日本代表でもやったことですが、試合の映像を見て振り返りのミーティングを行うときに、選手たちがいいプレーをしたシーンだけを集めた映像を3分間だけ流したんです。その日のミーティングはそれだけで終わりです。もちろん、逆にミスばかりの映像を選手に見せる方法だってあり得ますが、ポジティブな面に焦点を当てる方法が有効な場合が多いです」

ジュニアの指導の問題点

ポジティブな要素を植えつけようとしても、定着するまでには時間がかかる。エディーさんは常々、日本のジュニアの指導スタイルが、スタート時点で世界との大きな差を生み出していると考えている。ラグビーの世界はスキルを重視する時代に入ったこともあり、「このままでは、差はますます開く一方でしょう」と危惧する。

「日本代表でプレーした選手が、ジュニア時代にどんな練習をしていたかを聞いて驚きました。五歳からラグビースクールに通い、そのときからタックルバッグに当たって、ラックのクリーンアウトのドリルをやっていたと。もちろん、タックルの基本的なスキルは必要ですが、その年齢でいちばん大切なことは、きちんとした『パスとキャッチ』なんです。それも、どうやってパスするかだけではなく、いつ、どのようなパスをしたらいいのか、そうしたスキルを教えていかなければならない」

なぜ、ディフェンスよりも、アタックのスキルの方が重要かというと、ディフェンスはシニアのレベルでも3つか4つの約束事で対応が可能であり、それに加えてメンタリティが重要になる。モチベーションが高ければ自然と上向くものなのだ。一方、アタックは「ディシジョン・メイキング」、決断する要素が入り、選択肢の数が膨大になるので、小さいころからの積み重ねが必要なのだ。

一般的に、日本のスポーツではディフェンスの練習に時間を費やすことが多い。特に野球では守備での連係プレーが重視され、様々なシチュエーションでの動きを細かく反復練習する。メジャーリーグを取材していたときに、アメリカの記者から、「でも、投手が全部三振でアウトにしたら、その練習はムダだよね？　だったら、打撃練習に時間を費やした方が良くないか？」と指摘されたことがある。その時、発想が日本とは違っていて面白いと思った。その根底にあるのは、「打たなくては野球は勝てない」という前向きなオフェンスの発想なのだ。

しかし、日本ではディフェンシブな発想が支配的だ。どうやら、ラグビーというスポーツにおいて、それは必ずしも望ましいことではないようだ。

ボールを見てはいけません

では、将来を担うティーンエイジャーには、どんなことを強調して教えていけばいいのか。視野が一点に集中しがちなのが問題だとエディーさんは指摘する。

「菅平での夏合宿中に散歩をしていたときに、慶応大学の選手たちが練習しているのを見かけました。スクラムハーフとスタンドオフがコンビになって練習していたんですが、ラックの状態で、ふたりはどうも見るべきところを見ていないように感じました。それで、彼らに質問したんです。『何を見ているんですか?』と」

　学生たちの答えはシンプルだった。

「ボールです、と彼らは答えたんです。そこで私は『ラックの中にボールがあるのが分かっているのになぜボールを見る必要があるんですか』と、また質問しました。学生たちが驚いた顔をしていたので、ボールがどこにあるか分かっているならば、相手のディフェンスがどのような陣形になっているのか、それを確認した方が遥かに有益ですよと話しました。まず、練習の段階からアタックをセットアップするときは、前を見ましょうとアドバイスしました。もちろん、ボールがどこにあるかは視野の中で確認しなければいけない。しかし、ラグビーにはもっと重要なことがあるんです。そうアドバイスをしたら、納得して面白いと思ってくれたようです」

　エディーさんは、現在の若手の中では、山沢拓也(筑波大)のビジョン、スキルが図抜けているという。サッカーをプレーしていた影響なのか、一瞬にして自分がどんな状況に置かれているのか判断出来ることを評価しているようだ。

「日本のスタンドオフには、前が見えておらず、的確な状況判断ができない選手が多い。ボールや自分たちのプレーにフォーカスし過ぎて、相手とのスペースや、誰がどこからディフェンスに来ているかという判断が鈍い。山沢は珍しくそれが出来る選手です」

将来的には、そうした「ディシジョン・メイキング」が3D映像を使って練習できるシステムも開発されるだろうとエディーさんは予測している。

スペースの感覚は子どもにも教えられる

ボールがどこにあるのか分かっているのに、ボールを見てしまう。日本人は「ボール・オブセッション」、ボールに対する思い込みが激しい。これは「一球入魂」という言葉に代表されるように、球技においては、人よりも、ボールが主人公のような扱いをするケースが多いからだろう。

「ボールはもちろん大切ですし、リスペクトする必要がありますが、ラグビーの場合はスペースの把握が大事なんです」

エディーさんは小学生のラグビーで、全員がボールのところに群がっていくのを目撃して、「磁石みたいだ」と思ったという。

「ボールに引き寄せられていくのは人間の習性だという人もいますが、小学生にでもスペースを意識させることはできます。どうやって小さい子どもたちにそれを教え込むのか。それも『アート』なんです」

ジュニアのラグビーでは、クラブによっては遊ばせることを重視するので、ボールのあるところだけに子どもたちが集まっていっても特に注意をしないケースがある。

「子どもには『ごほうび』をうまく使えばいいんです。ボールキャリアーばかりを褒めるから、全員がボールを持ちたがるんです。そうではなく、自分のポジションにきちんとステイして、スペースを保っている選手をほめることが肝心なのです。それを継続していけば、必ずポジショニングの概念をつかんでくれるはずです」

このとき、コーチにとって大切なのは、たとえ他の場所でラインブレイクがあり、それがトライにつながったとしても、自分のポジションを守った選手にきちんとごほうびをあげることなのだ。

「しっかりとスペースを保ったことで、ラインブレイクを引き出した——そのことを教えて、褒めてあげるんです。これがコーチングのアートだと私は思います。ボールを持っていないときの動きというのは、きちんと指導しなければ身につきません」

私はこのコーチングの流れを聞いたとき、「文明化」という言葉を連想した。子どもたちがボールに引き寄せられていくのをコーチングによって文明化させる。その作業に素人もプロも関係ない。

エディーさんが、ペップ・グアルディオラ率いるバイエルン・ミュンヘンの練習を見学したとき、こんな光景を目撃したという。

「ペップは、ボールを持っていない選手の動きを褒めていましたね。サッカーでは90分間の試合の中でボールに触れる機会はわずかしかない。持っていない選手の動きこそが得点につながるんです。もちろん、それにはコーチが全体に目を配っていなければなりませんが」

これが世界最高峰のクラブで行われているコーチングなのだ。決して、むずかしいことを行っているわけではない。

ボールへのリスペクトを教え込む

スペースへの感覚と同時に、エディーさんが若い選手たちに伝えたいと思っているのが「ボールへのリスペクト」だ。

「サッカーのJリーグも、ラグビーのトップリーグもボールへのリスペクトがなさ過ぎます。簡単に相手にボールを渡してしまっても、あまり罪の意識がないように見えます」

リスペクトというのは、文字通り訳せば「尊敬」になるが、ここでは自分たちがボールを保持しているときにボールを大切に扱うということを意味する。

「スポーツの世界では、リスペクトにはいろいろな意味があります。たとえば、ひとりの選手がラインブレイクした時に懸命にサポートに走るのも『リスペクト』のひとつの形です。突破した選手を孤立させてはいけない。トップリーグではミスをして相手にボールを渡してしまっても、罰を受ける（得点を与えてしまう）ことが実は少ない。結果的に、それが得点につながらなければ、責任がうやむやになってしまうんです。相手にボールを渡してしまったら、確実に罰を受けるのがパナソニックとの試合です。それはなぜか？　スクラムハーフに田中史朗、ウィングに山田章仁という2人の優秀な選手がいるからです。トップリーグの上位チームがパナソニックと対戦するときは、ボールをかなりリスペクトしているのが伝わってきます。なぜなら、その2人に『脅威』を感じているからです」

これまでの弱かった時代の日本代表の試合でも、キックで簡単にボールを相手に渡してしまい、カウンターアタックから失点するのを何度見てきたことか。それも、ボールへのリスペクトがなかったことで、罰を受けたのだ。

「小さいころから、ボールをリスペクトする文化を徹底的に教え込むべきです。もし、ターンオーバーから失点したとしたら、その責任を明確にして、向上を促すべきなんです。何事も、うやむやにしてはいけない。もちろん、伝え方にはアートが必要なのですが」

古いスタイルをモダナイズするという発想

若い選手にスキルや正しい状況判断を教えるには、指導者が正しい情報と知識を持っていなければならない。

日本ではそもそも指導者の知識自体が正しくない場合があるとエディーさんは嘆く。たとえば、いちばん基本的なタックルのスキルについてですらそうだという。インタビュー中、エディーさんはソファから立ち上がり、「正しいタックルの方法」を教えてくれた。

「日本の多くの選手は、タックルに行く場合は『足下に飛び込め』と教え込まれているために、早めに姿勢を低くします。この方法の欠点は、頭が下がってしまうので前が見えにくくなり、視野が限られてしまうことです。では、ボールキャリアーから見たら、そのようなタックラーはどう映るでしょう？　相手は低くタックルしてくると簡単に予測がついてしまい、余裕が生まれます。タックラーが高くタックルにいくのか、低くいくのかギリギリまで分からせなければ、相手の決断を遅らせ、ミスをさせる可能性も高くなるわけです。正しいタックルの方法は、低くならずにきちんと上半身を立てた姿勢で、ボールキャリアーの前まで進む。そしてタックルが可能な『タックルゾーン』に入ったところで、初めてタックルの姿勢を取ります。状況を見て、低くいくのか、それとも上半身をつかまえにいくのかを判断するのです」

頭を低くしてタックルに入ると脳震盪などのケガのリスクも増えるから、出来る限り、ギリギリまで上体は起こしておいた方がいいのだという。

低い姿勢でのタックルは日本における「信仰」のようなものだ。いまだに各大学では、タックルバッグに低く突き刺さるような練習が行われている。

「慶応は最先端のコーチングを取り入れようとする大学ですが、その反面、ロープを張って、低く入るためにその下をくぐってタックルする練習があります。たしか、テレビドラマの『スクール・ウォーズ』でもタックルできない選手がタックルバッグか、木に向かって100回くらいタックルするような映像があったと記憶しています」

エディーさんはタックルバッグはコンタクト練習の一環として使うだけで、タックルの練習には使わないそうだ。

「55歳の私でも、タックルバッグ相手ならタックルできますよ。だって、動かないんですから(笑)」

エディーさんから見ると、旧式のドリルは「伝統」の負の部分の表れだという。

「タックルバッグを使った練習を一概には否定しません。たとえば、練習の最後に儀式的に2、3回、気持ちや士気を上げるためならやってもいいでしょう。でも、そうした古いドリルは勝ちにつながるわけではありません。ヘッドコーチには、その見極めが重要でしょう。伝統的なものであっても、それが何にもつながらないようなら排除すべきです。もし、慶応が低いタックルが持ち味だとするなら、そのドリルをモダナイズすべきだと私は思います。昔の慶応のスタイルを、新しい方法で甦らせればいい」

モダナイズ(近代化)には様々なパターンがあり、そこに「アート」が生まれる余地がある。

たとえば、オールブラックスの、相手をフィジカルで圧倒するというスタイルも、現代ではその方法を変えている。

「かつては白人中心の体格に恵まれたチームで、フィジカル面で相手を圧倒していました。プレーばかりではなく、密集の中ではかなり荒っぽいこともしていたんです。昔はそんなスタイルでも通用していましたが、今では許されません。では、相手を恐れさせるためにどうするか？　現在はフィジーやトンガ、サモア出身の身体能力に優れたアイランダーたちがコンタクト、スピードで相手を圧倒するんです。これが、オールブラックスの『モダナイズ』です。怖がらせる、ということには変わりないのですが、スタイルが違うのです」

ラグビーのための環境整備

発想の転換が必要なのは戦略ばかりではなく、インフラストラクチャーにも当てはまる。日本で必要とされているのが、グラウンドなどの環境整備だ。日本は土のグラウンドが多く、どうしても「下のプレー」に弱いと言われる。土のグラウンドに飛びこむのは、どうしたって痛い。芝の文化がない国の悩みだ。

一方で、人工芝の質が向上しており、練習グラウンドに人工芝を敷くクラブも最近では多くなっている。２０１５年にカナダで開かれた女子サッカーのワールドカップでは、全会場が人工芝のグラウンドで行われた。

エディーさんもグラウンドの問題は気にかけている。

「2007年のワールドカップで優勝した南アフリカのヘッドコーチのジェイク・ホワイトを大阪のグラウンドに連れていき、高校生を対象にしたクリニックを開いたことがあります。残念ながら、その会場となったのは土のグラウンドでした。ジェイクは『本当にここでトレーニングをやるのか？』と驚いていましたよ。海外と環境が違うのは仕方ありませんが、世界がどのようなレベルでトレーニングをしているのかを知ることは重要です」

エディーさんが見学に訪れたイングランド・プレミアリーグのアーセナルは、ロンドン市内に9面の芝生のグラウンドを有していた。

「それぞれのグラウンドの芝の長さをすべて変えていて、次の試合が行われるグラウンドの芝の長さに合わせたピッチで練習をするんです。これには、驚きました」

日本では望むべくもない環境である。都内の一等地にある秩父宮ラグビー場は、シーズンが進むにつれて、どうしても芝生がはげてしまい、シーズン終盤は痛々しく見えるほどだ。

「秩父宮は芝生の管理が大変です。試合が多すぎるんですよ。私から見れば、毎週、毎週あれだけの試合が行われていながら、芝をなんとか保っていることの方が驚きです。ほんとうは、東京にもうひとつ、ラグビー専用のグラウンドを増やした方がいい。新しい国立競技場では広すぎて、おそらくラグビーの魅力が伝わらないでしょう」

高校ラグビーの問題点

本当の意味でモダナイズが必要とされているのは、学生ラグビーの世界かもしれない。

エディーさんは正月になると、花園ラグビー場で行われる高校ラグビーに足を運んでいる。素質のある選手の発掘もあるのだろうが、肌で現場の雰囲気を感じたいのだという。

「2015年の花園に関していえば、将来が楽しみな身体能力の高い選手はいましたね。高校ラグビー全体を見渡すと、それぞれのチームの『公式』に囚われすぎている気がします。相手の動きや試合の流れよりも、自分たちの公式にこだわっている。理想をいえば、高校生の段階から試合の流れの中で、状況を読んでプレーして欲しいのです。もちろん、全員が出来るわけではありませんよ。ただ、若いときからゲームを読む能力を身につけられるように、コーチは指導していかなければいけない」

高校ラグビーの現場でよく耳にする言葉に、「ワン・フォー・オール、オール・フォー・ワン」というアレクサンドル・デュマの『三銃士』に登場する台詞がある。この言葉には日本人のクリエイティビティに対する考え方が表れているとエディーさんはいう。

「ラグビー界でこの言葉を使うのは日本人だけでしょう。少なくともオーストラリアでは、ラグビー関係の言葉としては存在しません。問題はこの言葉をどういう意味で使っているのかということです。『ワン・フォー・オール』という意味ばかり強調されて、才能豊かな選手に合わせて周りが働く『オール・フォー・ワン』というフレーズがまったく無視されているように思えるのです」

私は「ワン・フォー・オール、オール・フォー・ワン」という言葉は、ラグビーの持つ本質がうまく表現されているし、一般の人も聞いただけで「あ、ラグビーのことだな」と気づくほど浸透していることに意味があると思っている。ただ、エディーさんのいう通り「集団主義」の面が強調されてしまっているところに、日本の社会が反映されているのは認めざるを得ない。

「その言葉とは裏腹に、日本のメディアは個人にばかりフォーカスを当て過ぎです。花園で『ヒーローズ・カップ』というジュニアの大会を視察したのですが、記者の方から、『どの選手がよかったですか?』と質問されました。まだ、選手たちは12歳くらいですよ。指導の現場は集団を強調しますが、マスコミは若いスーパースターを求めます。日本のラグビー界の過去のスターを振り返ってみれば、一目瞭然でしょう。バックスで、顔もきれいで、華麗なプレーをする。それが条件です」

たしかに、矛盾だらけ――。指導者だけでなく、報道する側も発想を磨く必要があるということだ。

大学ラグビーの問題点

日本のラグビー人気を長らく支えてきたのは大学ラグビーだ。しかし、エディーさんは日本の大学ラグビーのあり方に、常々、疑問を呈している。

「大学ラグビーが日本のラグビーが発展するうえで、大きな役割を担ってきたのは理解しているつもりです。ただ、現状を見てみると残念ながら帝京大学以外のエリートチームは、エリートにふさわしい練習が出来ているとは言いがたい。伝統校は進歩が止まっていいます。学生である福岡、藤田をワールドカップの戦力にするためには、普段から適切なコーチングが必要なのに、大学での日々の練習には期待できない。帝京大学が連覇をしているのは、マネージメント、コーチングが優れているからです」

ワールドレベルの選手になるためには、学生時代からしっかりとしたコーチングを受けることが不可欠だ。それが遅くなれば、世界の舞台から遠のくことにもなってしまう。

コーチングだけでなく、実は大学のシステムにも問題がある。

基本的に日本の大学スポーツは、アメリカをモデルとしている。各カンファレンス、各リーグでの戦いがあり、最終的に大学選手権でチャンピオンを決めるという仕組みはアメリカと一緒だ。

しかし、その内実は違う。アメリカのカレッジ・スポーツはビジネスでもあり、その大学の志願者数に大きく影響を及ぼす。大学にとって選手は投資対象であり、資産でもあるのだ。それだけに選手が利用するトレーニング施設は充実している。さらには、優秀なコーチやスタッフが揃う、まさに「ファーストクラス」と呼ぶにふさわしい待遇が整備されている。しかし、日本の大学のスポーツをとりまく環境は貧しい。

「日本の大学は満足な練習環境を整備しないのに、学生に対して時間を費やすことを求めます。帝京大学が連覇している理由は、大学が環境をしっかりと整備していることにつきます」

大学の力の入れ具合が、成績のカギを握っていることを大学の当局者はどれだけ理解しているのだろうか。その結果、日本の二十歳前後の選手の成長が他国に比べて遅れてしまうのだ。

「ジュニアジャパンの戦いぶりを見ても、カナダにさえ歯が立たない。日本の選手たちは所属の大学で毎日練習しているのに、ですよ。カナダの選手たちは毎日、練習したくてもできないんですよ。どうしてこれだけの差が出てしまうのか。大学で『4年分』の成長をロスしているのだと思います。なぜ世界のレベルとこれだけのギャップが生まれるのか、関係者には考えて欲しいです」

勉強しないことは問題である

エディーさんは、日本のラグビー選手は「学問」も中途半端になる傾向が強いことに大きな懸念を抱いている。

「大学に限らず、日本のラグビー界の問題点は、高校の段階から勉強を諦めてしまうことです。強豪校でラグビー選手になるためには、なかなかきちんとした勉強の時間が取れない。それなのに、ラグビーでもしっかりしたコーチングが受けられないので、結局は何も残らなくなってしまいます」

部員の数が多いことも、適切なコーチングを受けられない理由になっている。

「日本のトッププレベルの大学にはラグビー部員が１００人から１５０人程度いますよね。実際にラグビーで生きていけるのはその中の20人程度にしか過ぎません。残りの多くの部員は勉強をしっかりとするべきです。そして、残りの時間をラグビーに費やせばいい」

そうなると、ラグビー部を運営するにあたって、適正な人数というものが重要になってくる。

「エリートのグループでも、最大で40人が限界でしょう。仮に部員が１４０人いるとしたら、他の１００人については、フィットネスのトレーニングに取り組み、ラグビーを楽しみ、勉強もするというスタイルに変えた方がいいのではないでしょうか。部員数が多すぎては、満足に練習も出来ません」

さらに、現状の大学の指導法にも問題があるとエディーさんは感じている。日本のラグビーの指導スタイルは、他国と比べると無意味な反復練習が多過ぎるという。

「ラグビーだけでなく、他のスポーツにもいえることですが、日本では反復練習が重視されていますよね。同じような練習を繰り返し、繰り返し、正解が出るまでやらせる。勉強面での定着にはいいと思いますが、ラグビーの場合、試合中に同じパターンが繰り返されることは、まず、ありません。ラグビーに予測可能なプレーなんてほとんどないんですから」

エディーさんには日本代表の戦いを通じてラグビー界の土台を変えたいという願いがある。

「日本代表が世界の舞台で結果を残せば、日本の文化を変えるチャンスがもっと広がると思います」

ジュニアレベルでの適切なコーチング、そしてサイエンスに基づいた情報。最新の知識を若い世代の選手たちへと注入していくことで、ラグビーを支える土台を変えていく。

ただ、それが本当に可能なのか、この国に生まれ育っていると、少し不安にもなってしまう。

「暗くならなくてもいいですよ。日本のラグビー界がよくなると、もっと、ワクワクした方がいいと思います。目の前に大きなチャンスが広がっているんですから。ただ、過剰な期待はしないでくださいね(笑)。日本のラグビーのカルチャーを変えることまでは、自分の責任とは考えていません。あくまで、代表を国際舞台で勝てるチームに育てることが私の仕事ですから」

Try 7 コーチング最前線

リーダーシップを育む

エディーさんと話をしていて、いくつか感じたことがある。

絶対に妥協しない人。

負けず嫌い。

インテリジェンスとコーチングが結びついている。

世界的には評価が低い日本代表であっても、絶対に「勝つ集団」に育て上げるという信念を持った「タフ」な人だ。

それだけに選手たちへの要求も高くなるのだろうが、それが勝利という果実への近道であることに間違いはない。

エディーさんは「勝つ集団」にするにあたって、様々なチャレンジを行ってきたが、根本的な課題として、リーダーシップがなかなか育たないことに頭を痛めている。

「日本代表のチーム内でリーダーシップを強化したいと考えていますが、リーダーシップが育たない原因があるのです。『責任』が生まれない集団には、リーダーシップが育ちません。リーダー同士が責任を譲り合うようだと、『それは君がやるべき仕事じゃないか』と追及することも出来ない。日本人は、波風をたてるのを避けたがる傾向があります。相手を追いつめるような議論も好まれませんから、責任の所在も曖昧で、リーダーが育ちにくい環境にあると思います。私はリーダー格の選手たちに、明確な責任を与え、それを果たすように誘導するのが大切だと考えています。それぞれのリーダーが責任を果たしているのか常にチェックしながら」

責任の所在と、リーダーシップの醸成には因果関係がある。では、リーダーになるべき選手とはどんな人物なのか。エディーさんと話していて、条件としてあがってきたのが、次のような要素だ。

・自分が所属しているチームで絶対に勝ちたいと思っていること
・懸命に練習すること
・他の選手にポジティブな影響力を及ぼし、責任を持たせられること

聞きながら、要はエディーさんじゃないかと思ったのだが、エディーさんがプレーするわけではない。

世界のラグビー界を見渡したときに、その要件を満たすのはどんな選手なのか。

「たとえば、オールブラックスのキャプテンのリッチー・マコウがまず頭に浮かびますね。彼はどの集団でプレーしても、他の選手たちにいい影響を及ぼすことが出来るでしょう。もし、彼が日本のトップリーグの中位のチームに来れば、そのチームは優勝すると思いますよ。どのチームとは言いませんが（笑）。なぜなら、なかなかチームに貢献できなかった選手に責任を持たせられるからです。怠けていたら、絶対に注意する。それによって、チームの意識が変わっていきます」

現在のオールブラックスは人材が豊富な集団だが、スタンドオフのアーロン・クルーデンも他の選手との「対峙」を厭わないリーダーだ。

「クルーデンもマコウと同じようなタイプですね。もしも、彼がラインブレイクして、フォローに入るべき選手がきちんとしたコースを走らなかったら、彼はすぐに怒るはずです。『どうして、このコースを走らなかったんだ？　次はきちんと走ってくれ』と。そこでディスカッションが生まれ、他の選手が考え、成長する機会が生まれるのです。クルーデン、マコウともに他者の成長を促すという意味で、素晴らしいリーダーです」

日本人は選手同士で、こうしたディスカッションを避ける傾向がある。「対決」したくないからだ。

日本で「リーダー」といえば、集団をグイグイ引っ張っていくイメージがあるが、エディーさんの話を聞くと、リーダーの定義がまた違ったものに思えてくる。

「周りの人間に責任を持たせ、その結果、最大限のものを引き出すのが本物のリーダーだと思います」

先頭に立ってプレーするだけではなく、他者を生かすのがリーダーの役目だというのだ。

では、そうしたリーダーはどうやったら育つのだろうか。

「英語では、"Nurture vs. Nature"という言葉があります。生まれ育った環境なのか、それとも持って生まれた資質なのか。私は、その両方の要素が関わっていると思います。資質も影響するでしょうし、家庭や学校、そして所属する集団でどんな形で育ってきたのかも関係してくる、そこに年齢的な要素はまったく関係ないです」

ステージが変わればリーダーの条件も変わる

エディーさんがリアリストだと思ったのは、組織が必要とするリーダーは、その時々によって変わると断言したからだ。キャプテンとして結果を残したとしても、集団が新たに次のステージに向かおうとする場合は、そのステージに適した違う人間に責任を持たせるという。

たしかに、エディーさんがヘッドコーチになってから、日本代表のキャプテンは交代している。

「キャプテンを指名する場合は、組織として何を必要としているかを把握していることが重要です。たとえば、2012年に代表メンバーがはじめて集合したとき、代表チームにとって必要なのは、『チームを団結させること』でした。その時点では、廣瀬俊朗（東芝）は完璧な存在でした。スマートで、エネルギッシュでありながら、発想に柔軟性もある。全員がまとまって戦うマインドに持っていく資質があったんです」

しかし、2015年のワールドカップを見据えたステージに入ってくると、リーダーに求められる資質が変わってきた。

「世界と戦うには、常に体を張ってプレーする選手が必要でした。そうなると、選択肢はもう一つしかありませんでした。それがリーチ マイケルです。常に試合に出ていて、毎試合、必ず体を張ってくれる。私が期待したのは彼自身がプレーで役割を果たして、チームにいい影響を与えてもらうことなんです」

なぜ、日本ではリーダーが育ちにくいのか？

エディーさんは日本代表を指揮するようになって、「ほとんどの選手が、自分がリーダーになりたいとは思っていない」ということを残念に思ったという。

「日本の選手たちは、自分が責任を持ってやりますと言いたがらない。役割を分担するのを好むんです。それは学校、あるいはクラブで受けてきた教育システムの影響だと思います」

その姿勢は、試合中のプレーにも影響してくる。

「ラインアウトのサインを決めるにしても、最終的にはひとりではなく、2、3人で決めましょうという方向に持っていく。そんな曖昧で人任せの決断しかできないようでは絶対に勝てません。グラウンドはディスカッションする場ではありませんし、そんな時間もないですからね。瞬時に判断するリーダーが必要なんです」

日本代表のキャプテンであるリーチについても、エディーさんは心配の種があるという。

「長い間、日本に住んでいる外国出身の選手は、逆に『より日本人的』になってしまう傾向があります。そういう風に振る舞わないと、日本という社会にフィットできないからでしょう。リーチはニュージーランドのクライストチャーチの出身で、札幌山の手高校に留学してきました。当時は、日本文化の知識もほとんどなかったと思います。おそらく、両親から離れて異国で暮らすときに、どうしたらいいだろう？　と考えて、より日本人らしく生きようと思ったのではないでしょうか。そういう判断をする時点で彼はとてもスマートだと思いますし、今や彼はとても日本人的になりました」

私が以前、リーチに取材したとき、彼は「慶応のタックルが好き。どんなことがあっても、諦めずにディフェンスしてくる」と話してくれたことがあった。エディーさんにこの話をすると、「それこそリーチが『日本人的』なものを目指してきたから、その答えが出るんです」と言った。より日本的な価値観を身につけようとしたとき、「慶応のタックル」が目に留まったのではないか。

エディーさんはリーチがそうした気質を生かしつつ、もっと自主性を出して、リーダーシップを磨いていって欲しいと考えている。

2015年にスーパーラグビーのチーフスでプレーしたことで、リーチにどんな変化が起きるのか、エディーさんは楽しみにしている。

軋轢を嫌う社会

リーダーシップが生まれにくいのは、日本人が軋轢《あつれき》を避けたがることにも起因しているというのがエディーさんの見方だ。

「日本の選手たちは、問題が生じても議論することでしこりを残してしまうのを恐れます。オーストラリアでは何か問題が生じた場合、自分の意見をはっきり伝えて議論するのが当たり前です。責任の所在をはっきりさせて、問題を解決していく。ところが、日本の選手の場合は、決して個人のキャラクターを攻撃しているわけではないのに、自分を否定されたように思いかねない。こうした発想を変えていかなくては、原因を指摘して責任を持たせようとすることは困難です。そうした傾向が強いので、私も伝え方を考えなければならないし、キャプテンがリーダーシップを発揮するのも容易ではありません」

軋轢を避けて共存しようとする発想は、日本の国土にも関係しているとエディーさんは考えている。

「日本は国土の面積が限られていて、非常に狭いところでみんなが暮らしています。人口密度が高い国では、どうしても『一緒に連携を取って仕事をしよう』という共存の発想に傾くのは自然でしょう。それが役割分担を重視する気質につながっているのではないでしょうか」

国土、人口密度などが日本人の気質の形成に影響している——。そう指摘されると腑に落ちるところがある。

エディーさんはヘッドコーチに就任以来、自分のスタイルを頑なに貫いている。日本人以上に日本人的になろうとせず、日本社会とは一定の距離を置くことでここまでやってきた。

当然のことながら、軋轢も起きる。失敗もある。自分も失敗から自由ではないとエディーさんは認める。

「もちろん私も失敗はします。でも、コーチとしては失敗も受け止めなければなりません。『なぜ、失敗をしてしまったのだろう?』と自分をしっかりと見直す必要があります。人生でもっとも学べるのは、失敗したときですよ。そこで責任転嫁してしまうと、その失敗から学ぶことはむずかしくなります」

選手の責任にはしない

失敗から学ばないと成長はできない。最悪なのは自分で決めるべきことを決めず、選手に任せてしまうコーチだ。

実際、コーチの失敗を選手のせいにするケースも珍しくはない。試合前にコーチが多くの選択肢を示し、選手はその中のひとつのプレーを実践したにもかかわらず、結果を出せないと選手のせいにして叱責するコーチがいる。

選手はコーチが示した選択肢の中から選んだのだから、怒られる理由が分からずに混乱してしまう。

「能力のないコーチは、オプションを提示しすぎるんです。選手に決断を促すのではなく、迷わせてしまう。混乱している選手は、傍からは懸命にプレーしていないように見えてしまうものです。それでもまた、コーチに怒られる。でも、アスリートはプレーするにあたって100％全力を尽くすものです。それが100％に見えないときにはふたつの理由しかありません。フィジカル面で疲労が起きているか、メンタル面で混乱しているかのどちらかです」

これまで、試合中に選手に疲れが見えるのは、100％フィットネスの不足だと思っていた。

心理面での混乱も動きに影響すると指摘した人は初めてである。

「数字に見えない部分でも、試合に影響する要素があるんです。リーダーシップはそのひとつではないでしょうか」

もともとリーダーシップが育ちにくい環境にある国だけに、今後、エディーさんが指摘するようなリーダーのあり方の研究がスポーツの現場で進むのではないか。

アスリートにとっての食事

リーダーシップは今後の研究課題だが、チームの強化にあたって、すぐにでも取り組める課題もあるという。それは食事への意識の改善だ。

スポーツの世界で、年々、進化しているのが栄養学である。

勝つためにハードなトレーニングをするのは当然だが、そこから回復させる手段として「休養」や「食事」がある。プロテニス選手のノバク・ジョコビッチは「グルテン・フリー（小麦粉を一切摂らない食事）」にしてから体質が変わり、成績が向上したと自著に書いている。エディーさんは熱心に食事の改善にも取り組んできた。

「食事は『リカバリー』の一環だと思った方がいいでしょう。ラグビーでは、筋肉を痛めつけ、壊すようなトレーニングが多いわけです。ですから、より多くのプロテインを摂取する必要がある。日本人の食を分析していくと、炭水化物は十分に摂っているのですが、たんぱく質の摂取が足りません。私は健康的な和食のファンですが、アスリートにとっては必ずしもプラスに働くとは限りません。普段の食事から意識してたんぱく質を摂取していかないと、筋肉量が少なくなってしまうんです。日本代表では栄養学に基づいた食事を続けることで、筋肉の質、量が変わってきました。ただ、一般の方はバランスに気をつけさえすれば、何を食べてもいいのではないですか。日本ではヘルシーな食事と、そうでない食事とオプションがあるのがいいですね。ヘルシーなものがいいと分っていたとしても、時々は体には決して良くないものも食べたくなります。だって、カツ丼は美味しいでしょう？」

必要なのは、ティーンエイジャーの段階からしっかりと栄養面での知識を得ることである。食事を意識するのが遅くなれば、その選手のキャリアを犠牲にしかねない。

「日本代表のヘッドコーチに就任したとき、以前にキャプテンだった菊谷崇（当時トヨタ自動車、2014年キヤノンに移籍）に話を聞きたかったので、来てもらったんです。最初、彼の顔をパッと見て、太り過ぎていると思いました。頬骨が見えなかったからです。体は痩せているのに、頬骨が見えない。それは食事の問題だと私はアドバイスしました。それから6カ月、彼はしっかりとしたトレーニングをし、食事を意識することで筋肉の量を5～6キロ増やすことに成功したんです。ただ、そのとき菊谷はすでに33歳になっていた。もしも、彼が18歳のときから栄養とトレーニングの問題に取り組んでいたとしたら、もっと素晴らしい選手になっていたことでしょう」

アスリートの場合、知らなかったでは済まされない問題もあるのだ。

「プリゲーム・ミール」というルーティーン

意識的に適切な栄養を摂取するのは、一流のアスリートにとってはもはや当然のことだが、団体競技の場合、試合前に選手が一緒に食事をするのを大切にするコーチもいる。

私がよく取材をするアメリカのプロスポーツでは、選手は個人でバラバラに食事をとるのが普通の光景だ。

しかし、NBAのイースタン・カンファレンスで2014〜2015年のレギュラーシーズンの最多勝利をマークしたアトランタ・ホークスのヘッドコーチ、マーク・ビューデンホルツァーは、就任以来、遠征先での食事はチーム全員ですることにこだわった。当初、選手たちからは不評だったが、最終的にはそれが選手同士のコミュニケーションを円滑にさせ、好成績につながったと選手たちも認めている。

エディーさんも試合前の意思統一のためには食事の機会は重要だと話す。

「試合前の食事、『プリゲーム・ミール』はチームにとって大切な儀式のようなものです。マネージメント側からすれば、選手たちがいい精神状態で試合に入っていけるよう、食事の場を演出する必要があります。たとえば、メニューひとつ取ってみても、何を出すかは精神面に重要な影響を及ぼしかねない。オーストラリアの選手はパスタであればボロネーズなどのトマトソース系、サンドウィッチはプレーンでベーシックなものを好みますね。日本の選手は、うどんかおにぎりが定番になっています。オーストラリアと日本の食事を逆にしたらどうでしょう？試合前の段階から落ちつかなくなりますよね」

マネージメントの手腕が問われるのは、遠征先での食事の管理だ。当然のことながら、日本を離れると、同じような食材が手に入らなくなる。

「ジャパンが海外遠征に行った場合は、現地で日本食か韓国料理のお店を見つけておにぎりを作ってもらうように手配をします。これも勝つためには必要なステップであり、マネージメント事項です。でも、カザフスタンに遠征したときは、おにぎりをオーダーして、おにぎりっぽいものがデリバリーされはしたんですが、上にニンジンが刺さってました（笑）」

自分に必要な栄養素を知る

エディーさんは代表選手の食生活の習慣を変えるように促してきた。そのひとつに、「サプリメント」があげられる。

「日本では伝統的にサプリメントを摂る習慣がありませんよね。プロテインを摂る話はよく聞きますが、サプリメントも敬遠せず、オープンなマインドで取り入れると、パフォーマンスに変化が起きると思います。ジャパンでは、サプリメントに限らず、他にも様々なものにチャレンジしました。2014年の春には9週間連続で試合を組みましたが、その間、風邪をひいた選手はひとりもいませんでした。その時期に何を取り入れたかというと、野菜のスムージーです。科学的な裏付けがないので、スムージーが風邪を防いだとは断言できませんが、様々な栄養素を摂取することで、体になんらかのいい働きがあった可能性はあると思います」

ハードなトレーニングと試合をこなすのと同時に、普段からの体調管理も非常に重要で、そこには栄養学のさまざまな知識が生かされている。日本の選手たちは10代で適切な知識を吸収していないので、トップリーガーになったとしても食事に無頓着な選手もいる。

2011〜2012年のシーズンにトップリーグのリコーでプレーした元イングランド代表のジェームズ・ハスケルは、日本でも、徹底したプロぶりを食事で見せたという。

「大阪への遠征の新幹線の車内で、日本人の選手たちは市販の弁当を食べたそうですが、ハスケルはきちんと栄養価を計算したお弁当を持ってきていたそうです。私は日本人で炭水化物、ビタミン、タンパク質を自分で計算して栄養を摂取する選手を見たことがありません。本来は、こうした食事への関心も選手個人が自主的に持つべきなのですが……」

厳しい意見だと思うが、裏を返せば日本人の大多数の選手にはまだまだ向上する余地があるとも考えられる。ほとんどの選手が高校、大学のレベルで適切な「栄養学」に触れる機会がなく、そのまま育ってきているのだから。

アルコールについて

プロ化の時代を迎えて、栄養学の知識がラグビー界にも浸透していったが、それと同時に、選手たちは昔ほどアルコールを飲まなくなったともいわれる。

かつては、ラガーマンといえば底なしに飲むイメージがあった。私も選手たちと飲むと、必ずと言っていいほど二日酔いになっていた。アルコール（特にビール）はラグビー文化の一部を構成しているとさえ思っていた。実は、かつてはエディーさんもその中のひとりだった。

「なんのためにラグビーをするかというと、酒を飲むために、という人がいたほどです。それは珍しいことではなかった。私も無理矢理飲んでいました。オーストラリアでそういう風に教育されたんです。試合後、出来るだけ長い間飲むというのがラグビーの伝統でした。私はダーウィンという町で一シーズン、プレーしたことがありましたが、土曜の午後に試合をして、それからずっと夜通し飲み、日曜の昼前からメンバーの誰かの家でバーベキューが始まる。そこでまた飲み始めて、夜まで続く。ほんとうにクレイジーな日々でした」

へビードリンカーは、世界中どのクラブに行ってもだいたい同じような割合で存在するという。

「メンバーが35人いるとしたら、そのうちの3人か4人はへビードリンカーです。それはラグビーの集団だからというわけではなく、どの世界、どの組織にいっても同じような割合でへビードリンカーは存在するのではないでしょうか。マネージメントで気をつけなければならないのは、そうした選手の影響が広がるのを防ぐことです。別に飲酒を厳しく戒める必要はなく、自分たちできちんと律して、パフォーマンスに影響が出ないようにすればいいだけの話ですから」

1995年にラグビーがプロ化されてから劇的に食生活が変化し、アルコールに対する考え方も変わったのかと思いきや、最初の10年間はそれほどカルチャーの変動はなかったという。

しかし、ここ10年ほどは浴びるように飲む選手が減少傾向にあるのは、アルコールがもとでのトラブルが全世界的に表沙汰になるようになったからだという。

「ラグビー選手が酔ってトラブルを起こすことは、世界中どこでもあったんです。昔はそれほど問題になりませんでしたが、現代はSNSの時代で、すぐさま情報が広がってしまう。選手も用心しながら飲むようになっています」

ただ、海外で問題になっているのは、アルコールにかわってドラッグを求めるようになっていることだ。リラックスするために、簡単に手に入るドラッグに手を出す選手が出現したのだ。

「そうした問題を聞くと、ラグビーはその国の社会の象徴に思えてならないんです」

日本ではまだピンと来ないかもしれないが、ラガーマンとドラッグの問題は世界的に注視されていると知っておくべきだ。

飲み方にはお国柄が出る

面白いもので、各国の選手の飲酒のスタイルにもプレーと同様にお国柄が出る。

「アングロサクソンは本当に酔うために飲む傾向が強いですね。イングランド、ウェールズ、オーストラリア、ニュージーランドの人たちは、浴びるように飲みますよ。でも、どれだけ飲んだとしても翌日の約束を守れるのであれば、何の問題もありません。アングロサクソンでもアメリカだけはちょっと違う。トップクラスのレストラン以外にはだいたいテレビが設置されていて、スポーツ番組が流れています。それを見ながらワイワイ、リラックスしながらお酒を飲んでいますね。決して、酔うための飲み方という感じはしません。日本人も酔うためではなく、リラックスするために飲んでいる人が多いと思います」

ワールドカップのような大舞台では、アルコールの摂取はチームによっては禁止されるのだろうか。

「チームによってルールは違うでしょうね。2007年のワールドカップでは、南アフリカの選手たちはかなり飲んでいましたよ。もちろん、マネージメント側としてはきちんと切り上げるタイミングを見計らう必要がありますが、南アフリカの選手たちの場合、緊張から解放されて、リラックスするためにアルコールが必要だった。その方がチームのマネージメントに有効だったと思います」

杓子定規にすべてを禁止する必要はない。チームにとって必要なことを見極めればそれでいいのである。

Try 8 ラグビーの世界地図 ――南半球編――

ラグビーはカルチャーの反映である

ラグビーは日本の国内であれば企業の風土を反映し、世界を見渡せばその国の歴史、伝統などを反映する。生活や文化がラグビーに影響するのがラグビーの面白いところだ。

だからこそ、エディーさんは「ラグビーを変えるには文化を変える必要があります」と力説する。

たとえば、東京の府中市にはトップリーグを代表するサントリーと東芝というふたつのチームのグラウンドがある。

「東芝の堅実なラグビースタイルは、東芝という世界を代表する企業のスタイルが表れている気がします。トヨタにも似た空気を感じます。品質管理に細心の注意を払ってきた企業だからでしょう。一方のサントリーは創業者が『やってみなはれ』と言っていた会社ですから、いろいろなことにチャレンジしていく姿勢がラグビーにも表れていました」

エディーさんはサントリーのヘッドコーチを務めていたが、その社風とエディーさんの性格がうまくマッチしたようだ。

「サントリーは創業家でもある佐治信忠社長（当時）の決断が速かった。大きな判断を求められるときであっても、イエスかノー、24時間以内にすぐに返答がありました。佐治社長は判断は先延ばしにしても意味がないと理解していたのだと思います。タイム・イズ・マネー、ビジネスはスピーディに決断しなければそのツケを払うことにもなります。ラグビーも本来は一緒のはずです」

エディーさんは大学ラグビーにもこうした空気を感じているという。

「伝統校は自分たちのスタイルにこだわり過ぎているように見えます。いま、帝京大学が大学選手権で連覇しているのは、まだ歴史の浅い大学で、自分たちが伝統校に対抗するためには、新しい外部の情報を最大限に取り入れていかなければならないと考えて、それを実践しているからでしょう。チームのマネージメントは日本人が担当して、オンフィールドでは外国人コーチを導入している。このコンビネーションが抜群で、他の大学に大きく水を空けています」

時代に合わせて、企業、大学は変化していき、それがラグビーのスタイルにも反映される。

世界で勝つためにはまず敵を知ること

２０１５年の秋に開催されるワールドカップ・イングランド大会で、日本代表は南アフリカ、スコットランド、サモア、アメリカの4カ国とまずグループ戦で対戦することになる。

エディーさんは初戦の南アフリカ戦から、本気で勝ちにいくと宣言している。当然、勝つために敵を徹底的に分析している。世界で勝つためには、自分たちのラグビーのスタイルを確立して、あらゆる面で進化させるのはもちろんだが、同時に、対戦相手を徹底的に知り尽くすことも必要になってくる。

ラグビーのプレーを分析するだけではなく、文化や歴史までをも含めて相手国を知ることにこだわる。それは、文化や歴史、国民性がその国のラグビーのスタイルを形成していると考えるからだ。

では、エディーさんの目には、今回のワールドカップで対戦する4カ国はどのように映っているのだろうか。また、これまでの豊かな国際経験のなかで、世界各国のラグビーをどのようにとらえているのだろうか。

まずは、1995年のプロ化以降、世界のラグビー界をリードしてきた南半球の国々のラグビーのスタイルについて話を聞いた。

「やってみなはれ」のオーストラリア

ニュージーランドに追いつき、追い越せ――。ラグビーがプロ化の時代を迎えてから、オーストラリアの発展は目を見張るものがあった。1991年、1999年のワールドカップで優勝。エディーさんが率いた2003年の大会では延長戦の末、イングランドに敗れて準優勝。

エディーさんは生まれ育った母国オーストラリアの特徴をこう話す。

「オーストラリアは比較的、若い国です。ちょっと変わったというか、アグレッシブな面を持っていると思いますね。『俺たちはここまで出来るんだ』ということを証明したいメンタリティがあります。歴史をたどってみると、アボリジニという先住民族はいましたが、その文化が起点になって発展したわけではなく、常に文化が変化し続けながら、成長してきた国です。オーストラリアの特徴を上げるとするなら、まず、"Having a Go!"の精神でしょうか。『とりあえずやってみよう!』という意味の言葉です。サントリーの『やってみなはれ』と似ていますね」

オーストラリアはチャレンジの精神だけではなく、歴史的に助け合いの精神を尊ぶ風潮がある。それは第一次世界大戦の教えがいまも生きているからだ。

「相互扶助の精神も強いと思います。第一次世界大戦のとき、オーストラリアからは志願兵がガリポリに行って戦い、多くの戦死者が出ました。彼らはいまも大きな尊敬を集めています」

これまで日本で見てきたように、ラグビーのスタイルに影響を与える教育の面はどうか。

「"Having a Go!"ではありませんが、子どものころから先生に対して積極的に質問するように奨励されています。まずは自分で考えて、それから堂々と質問するスタイルが植えつけられます」

自主的に学び、どんどん発言せよ。それがオーストラリアのスタイルのようだ。試合中に、選手たちが激しく口論しているように見えるのも、根っこにそうした教育がある影響かもしれない。

そしてオーストラリアでは、ティーンエイジャーのスポーツへの参加が盛んだが、人々の生活の一部としてスポーツは大きな意味を持っている。

「本当にみんな、スポーツを愛しています。プレーするのも、そして観戦することも。中学、高校時代の経験は大きな意味を持ちますね。私立校で学んだ人は、学校のカラーが反映されると思いますが、私は公立校に進んだので、学校の部活ではなく、クラブでプレーしました。公立校のスポーツの環境は指導者もいないし、施設もないからです。水曜日には学校でラグビーをプレーできる日がありましたが、土曜日に地元のクラブでプレーして、日曜日には13人制のラグビー・リーグでプレーしていました。私だけでなく、周りの子どもたちは同じようなスタイルでスポーツに親しんでいましたね。私がよかったな、と思うのはその頃に勝ち負けの重要性を学べたことです」

しかし、近年、オーストラリアでは勝敗へのこだわりが薄れ、スポーツに参加する人たちをハッピーにさせる方向にシフトしているという。エディーさんは、それが国際的な競争力を失うことにつながっていると考える。

「シドニー・オリンピックが終わってからですから、ここ15年ほどでしょうか。勝つことに対するこだわりが少なくなってしまいました。かつて、日本の運動会で手をつないでゴールすると聞いて驚きましたが、オーストラリアでも、まさに同じようなことが起きているんです」

スポーツ大国のオーストラリアがそんな状況にあるとは、まったく信じられない話だ。

「ラグビー、テニス、クリケット、水泳……。かつては、どの競技も世界のトップレベルにありました。今やオーストラリアには錦織圭のようなテニスの世界的なトッププレーヤーはいませんし、水泳でもイアン・ソープのようなスターがいなくなりました。クリケットは波があり、ラグビーもなかなか結果を出せません。ここ十数年の社会の空気がスポーツに表れているように思います」

オーストラリアのナンバーワン・スポーツは?

オーストラリアでは、夏と冬に別の競技を楽しむのが一般的なライフスタイルだという。夏は、クリケット。冬のスポーツはエリアによって人気競技が違う。

「15人制のラグビー・ユニオンはシドニーとブリスベンで盛んです。オーストラリアン・フットボール(オージー・ボール、オーストラリアン・ルール)はメルボルン、アデレード、パース、ホバートで人気がありますね。13人制のラグビー・リーグも行われていますが、ブリスベンとシドニーのワーキング・クラスのスポーツというイメージがあります。過去10年間の流れを振り返ってみると、オージー・ボールが冬のナショナル・スポーツになりつつあり、もう一方でサッカーが大きな人気を得るようになりました」

オーストラリアでボールゲームが好きで、身体能力が高い子どもにはオージー・ボール、ラグビー・ユニオン、ラグビー・リーグ、そしてサッカーという4つのオプションがあるわけだが、オージー・ボールで成功すればかなりの収入を得ることが出来る。

「一流選手であれば、年俸で一億五千万円くらいは稼げるでしょう。ユニオンの選手よりも20%から30%は多い。加えて、スポンサー契約もありますから、二億円を超える選手も珍しくないです。経済的な基盤だけで比較するなら、オージー・ボールがいちばん強い。それが可能なのは、テレビの視聴者数のランキングが、世界的な規模で見てもサッカーのプレミアリーグ、アメフトのNFLに次いで世界で3番目の規模を誇っているからです」

オージー・ボールは、日本では想像できないくらい大きな規模で運営されているスポーツなのだ。

対する15人制のユニオンは、2003年にワールドカップを開催したときは、オージー・ボールに次いで二番手の地位をキープしていたが、今は結果が伴っていないこともあり、人気が落ちているという。

「ただし、オールブラックスに2回続けて勝てば、すべて変わります。人気というものは、それだけシンプルなんです。でも、負け続ければ、どんどん下がっていく。やるべきことは簡単、オールブラックスに勝てばいいんです」

海を隔てたニュージーランドに勝つことがすべて。オーストラリアのラグビーの浮沈のカギはそこにかかっている。では、両国の違いはどこにあるのだろうか。

「ニュージーランドだけでなく、南アフリカの選手と比べてもオーストラリアの選手は体格が小さい。いま、オールブラックスにはサモア、トンガ出身のポリネシアンが入って来ているので、フィジカル面での差は開いています。オーストラリアが唯一、ニュージーランドに勝つためには、戦略、戦術的にスマートにプレーするしかありません。バックグラウンドに大きな違いがあるにもかかわらず、ワールドカップでは南アフリカ、ニュージーランド、オーストラリアはそれぞれ2回ずつ優勝しています。コーチングのレベルが高く、スマートに準備した結果、他の国を上回ることが出来たのです」

オーストラリアを代表する選手たち

そのオーストラリアを代表する選手がマーク・エラだ。エラは1959年生まれ。オーストラリアでは「ファイブ・エイス」と呼ばれるスタンドオフのポジションでプレーした。エディーさんは5歳のときから彼と同じ学校に通い、ランドウィックのクラブで一緒にプレーした仲間でもある。25キャップを誇り、1984年の英国遠征では、同一ツアーでイングランド、アイルランド、ウェールズ、スコットランドにすべて勝つ「グランドスラム」を達成。しかも、エラは同一ツアーで4カ国からトライを奪った初めてのオーストラリア人選手となった。

「マークは勇敢でした。スキルフルで、タフで。23歳でワラビーズのキャプテンに選ばれるほどのリーダーシップがありました。でも、ワラビーズのヘッドコーチが交代すると、いきなり代表入りを辞退したんです。コーチの方針、考え方は自分には合わないと言って。彼は勇気があったから、そんな大胆な生き方が出来た。こうした姿勢がまさにオーストラリア人なんです」

私の中で印象に残っているのは、1962年生まれのデビッド・キャンピージだ。1982年に代表デビューし、1996年までワラビーズのウィング、フルバックとして活躍し、その奔放なプレーぶりが忘れられない。

「キャンピージも、ある意味でオーストラリアの精神を象徴した選手です。70年代、80年代のラグビーは基本的にバックスはキックが中心でした。でも、キャンピージはどこでボールを受けても走り出した。まったく恐怖感がないんです。とにかく、やってみなはれの人。ボールを持ったら、自信を持って走り出そう、自分の能力に誇りを持とう、という精神の持ち主です」

さらにエディーさんが紹介してくれたのは、第1回ワールドカップのときにフランカーを務めていたサイモン・ポイデビンだ。

ポイデビンは「アマチュアの鑑」と呼ぶにふさわしい選手で、彼の一日は早朝にウェイト・トレーニングをこなしてから、証券会社の自分のデスクに向かって10時間働き、夜にクラブでトレーニングをして、ようやく週末に試合を迎える。

「当時は働いてからラグビーを楽しむのが普通だったんです。今の選手は自分たちがどれだけ恵まれているか分かっていない。ハードなトレーニングは嫌だとか文句を言いますが、あの頃の優れた選手たちは、より働き、よりハードにトレーニングもしていました。かつてのラグビー文化のユニークなところは、弁護士、会計士、医師といったプロフェッショナルと、肉体労働にいそしむ労働者が、ラグビーの前ではみんな平等だったことです」

プロ化でオーストラリアが成功できた理由

1995年にプロ化の時代を迎え、スピーディに成功を収めたのがオーストラリアだった。ビジネス的に進化していた他の競技のノウハウがラグビーに流入してきたのが成功の秘訣だったという。

「1995年からの10年間は、オーストラリアのラグビー界にとって素晴らしい時代でした。ラグビー・リーグ、そしてオージー・ボールはすでにプロスポーツとして成功を収めていましたから、そのケースをコピーすることが出来たんです。他のライバルの国々と比べ、プロスポーツの運営方法やマネージメントで一歩先んじていたのに加え、コーチングも進んでいたんです。たとえば、フィットネスに関してもラグビー・リーグから一流のコーチを呼んで、プログラムを実行できたのが大きかった」

オーストラリアのラグビーにとっての黄金期は、ビジネスの勝利でもあった。選手会も整備され、選手たちは安定した契約を結ぶことが出来たし、チーム側も練習環境の整備が勝利に直結することを理解していた。

「それでも私が1997年にブランビーズのヘッドコーチになったときには、まだ選手の75％は大学で勉強していました。勉強とラグビーを両立させることによって、彼らの人生にいいバランスが生まれていたと思います。もちろん、経済力の面でも、オーストラリアは恵まれていた。アマチュア時代の良さと、プロフェッショナルとしてのマネージメントの要素がうまくつながっていたのです」

しかし、他の国々もシステムを理解し、次第に追いついてくるようになった。

「引き続き進化し続けていかないと、追いつき、追い越されてしまう。それがプロ化したあとの世界のラグビーの厳しさです。実際、2005年から2015年の間は、ニュージーランドと南アフリカに遅れをとることになりました」

他の国が追いついてきたのは対外的な要因だが、国内にも「敵」がいる。それがメディアだ。「オーストラリアはワールドカップで二度優勝していますし、常にいい結果を残して当然だというプレッシャーを指導者は感じています。それはマスコミからに限った話ではなく、テストマッチで負けてしまうと、ガソリンスタンドでの給油中ですらいろいろ言ってくる人がいるほどです。『あの選手を出した方が良かったんじゃないか』とか。レジの女の子に言われたこともありますからね（笑）。そのあたりの環境は日本とは大違いです」

オーストラリアのメディアが厳しい態度を代表チームに向けているのは、記者自身も激しい競争にさらされているからだとエディーさんは見ている。

「オーストラリアの記者たちは、オーストラリア国内だけではなく、英語圏すべての記者と競争しています。"Rugby Heaven"というサイトにはオーストラリア版とニュージーランド版があり、私はニュージーランド版のサイトの方を見ます。オーストラリア版は噂話が中心ですが、ニュージーランド版はしっかりと分析が成されているからです。イングランドに行けば、『タイムズ』、『ガーディアン』、『BBCスポーツ』など、様々なメディアがあって、ライターが競争している。必然的に質問も吟味され、厳しい質問が投げかけられます。それに比べると……日本のみなさんは優しいですね」

王者、ニュージーランド

オーストラリアがアドバンテージを失ったあと、世界のラグビーをリードしてきたのがニュージーランドである。

２００７年のワールドカップでは、大本命ながら準々決勝でフランスに苦杯をなめたものの、２０１１年の地元開催で意地の優勝。オールブラックスのメンバーは、国のプライドを守った。彼らの成功はニュージーランドという国の社会の反映だとエディーさんはいう。

「ニュージーランドでは、ラグビーが文化そのものです。オールブラックスの勝敗が政治、経済にまで影響を及ぼす。人種のるつぼであり、オールブラックスもそうした民族構成を反映していて、みんな『ラグビーは社会のファブリック（織り模様）のひとつだ』と胸を張って言います」

実は、オールブラックスの成功は、ポリネシアン文化を受容してきた文化的な背景と密接にリンクしている。続々と才能ある選手を輩出してくる『最良のアカデミー』を抱えているというのだ。

「フィジー、サモア、トンガの３つのアカデミーです。ニュージーランド本土からだけではなく、ポリネシアの国々から、ラグビーで生計を立てたいと有望な若者がたくさんニュージーランドに集まってくる。もちろん、彼らにとってはニュージーランドでの生活の方が経済的にも恵まれているし、家族全員で引っ越して成功を夢見る。これはラグビーだけの話ではなく、ニュージーランドの国の構成、そのものです。経済的には決して恵まれているとはいえず、その分、外国に出て働くことが普通で、成功するためにはハードワークを厭いません。ニュージーランドには、いいラグビーチームを作る最高の要素がそろっているんです」

ラグビーで成功するということ

エディーさんがプレーしていた1980年代、オールブラックスの選手のレギュラーはほとんどが白人の選手で占められていた。しかし、1995年のプロ化以降、ポリネシア出身の選手が黒衣を着るようになった。そこには経済的な影響が大きかった。

「日本のホンダでもプレーしたロドニー・ソーイアロという選手がいました。62キャップを誇る名選手ですが、彼はもともとサモアに住んでいて、兄弟が九人もいた。でも、お父さんには仕事がなく、ソーイアロが2歳のときに仕事を求めてニュージーランドに移住します。本当に狭い部屋に家族全員が暮らしつつ、お父さんは工場での仕事に就いた。でも、住んでいる地域は治安も悪く、若者が非行に走るのは珍しくない。お父さんは、ソーイアロの人生を救うのはラグビーしかないと信じて、子どものころから朝5時に起きて走らせていたそうです」

ソーイアロの家から4キロのところに、ビーチがあった。お父さんは欠かさずタイムを計って、息子を鍛えた。まさに、社会の底辺から抜け出す手段がラグビーだったのだ。

「ブラジルのサッカー、アメリカのバスケット、韓国の女子プロゴルファー。みんな、苦しい生活から抜け出す手段としてスポーツに取り組んでいます。私が思うに、スポーツで成功する秘訣はふたつしかありません。ひとつは本当にそのスポーツが好きで、好きでたまらないこと。そしてもうひとつは、自分が苦しい生活から脱出するためにスポーツに真剣に取り組む。このふたつしかないと思います。もしも、両方のモチベーションがそろっていたとしたら、成功するチャンスは飛躍的に上がるでしょう」

ニュージーランドが成功したのは、人生をラグビーに懸けたポリネシア出身のアイランダー（島国出身の選手の総称）に対して、適切な指導を心がけたことが大きいという。

「アイランダーの持ち味はパワーです。その一方で、彼らはとてもおとなしく、謙虚でもあります。目上の人と話すときは、まずは頭を下げて挨拶し、日本人と同じように視線を合わせないで話をします。実は、トンガやサモア出身の選手たちが日本で成功するのは、同じような風土があるからだと私は思っています。ただ、それだけ上司に対して臆病な面もあります。だから、コーチが命令口調になってしまうと、萎縮していいプレーが出来なくなってしまう。２０１１年のワールドカップの優勝チームのヘッドコーチ、グレアム・ヘンリーが就任当初、ソーイアロに『アイランダーの選手たちは、どうして自分たちの力を発揮できないのだろう?』と質問したことがあったそうです。ソーイアロは『怒鳴らず、選手に対して叫ばないようにすれば、もっといいリアクションが返ってきますよ』とアドバイスした。ヘンリーはそれを受け入れ、それからオールブラックスは、アイランダーと白人が素晴らしいコンビネーションを見せるようになったのです」

それまで、ニュージーランドにおける伝統的なコーチングというものは、威圧的なスタイルだった。グレアム・ヘンリーはそれを捨てることによって、オールブラックスを成功に導いた。

文化の受容が、鍵だったのだ。

コーチングでも世界トップクラスに

それでもこの栄光を謳歌するまで、オールブラックスは「大舞台に弱い」というレッテルを貼られていた。特にフランスは天敵。1999年と2007年のワールドカップで、歴史的な敗戦を喫してしまう。この脆さを払拭したのが、2011年の大会で優勝チームを率いたグレアム・ヘンリーと、その後を継いだスティーブ・ハンセンである。ヘンリーは1989年、清宮克幸主将時代の早稲田大学を指導した経験も持っている。

このふたりが、オールブラックスの弱点を見事に克服したとエディーさんは分析する。

「グレアム・ヘンリーは1998年から2002年まで、ウェールズのヘッドコーチを務めましたが、そこで学んだことが大きかったと思います。ウェールズは、特にイングランド相手に勝つためにスクラム、ラインアウトといったセットピースを安定させる必要がありました。イングランドと比較すると、身体が小さいからです。ウェールズでセットピースを向上させる正確な技術を学んだんです」

そして2004年からヘンリーはオールブラックスのヘッドコーチに就任する。

「もともとオールブラックスというチームは、体の大きさ、フィットネス、つまり身体能力で相手を圧倒してきたチームです。実は、オールブラックスの弱点はセットピースにありました。人材に恵まれればいいスクラムを組める時期もありましたが、ラインアウトはスマートとは程遠いチームでした。ところが、ヘンリーとアシスタント・コーチだったハンセンはウェールズで学んだセットピースの安定性を母国に持ち込んだんです。身体能力にも優り、パワーもある。そこに安定性が入ってきたのですから、それは無敵のチームになりますよ。2007年の敗戦もプラスに転換しました」

オールブラックスに取りこぼしがなくなったのは、そうした経緯があったからだ。では、もしも緩いコーチが入ってきたとしたら、オールブラックスに付け入る隙が生まれるのだろうか。

「もう、そんなコーチは雇いませんよ。コーチングの世界も激しい競争にさらされていますからね。それにニュージーランドは人材育成のシステムが優れていて、選手のピックアップ、育成システムがうまく機能しているので、土台はそうそう簡単には揺るぎません。クラブから育ち、地域代表、スーパーラグビーへと上がっていき、そしてその頂点にオールブラックスがある。選手はその階段を上がっていかなければならないし、コーチも同じように勝ち抜いていかなければならない。こうしたシステムが出来ているので、コーチとして細かいところまで目が届かないような人は上には上がれない。日本のように有名な選手がすぐにコーチになれるような世界ではないです」

ラグビーというダークサイド

ただし、ここまで国全体がラグビーに「依存」する社会になってしまうと、選手、コーチに対するプレッシャーも並大抵のものではない。人生を狂わす可能性もある。勝てばいいが、負けたときは悲惨である。

「私がオーストラリアのヘッドコーチに就任する前、オールブラックスのヘッドコーチはウェイン・スミスが務めていました。彼は素晴らしい指導者でしたが、オーストラリアに敗れてしまったため、クビになったんです。彼はイングランドに移住してノーザンプトンでコーチになりましたが、彼とイングランドで食事をしたときに、ニュージーランドで何があったかを話してくれました。負けた後、協会には苦情のファックスが山ほど来るし、奥さんがスーパーマーケットに行くと、暴言を吐かれる始末で、国を出るしか道はなかったと。それでも、彼は2004年に帰国してオールブラックスのアシスタント・コーチになりましたが」

これはウェイン・スミスの身にだけ起きたことではない。1999年、ワールドカップで大本命にあげられながら、準決勝でフランスに敗れたときのヘッドコーチ、ジョン・ハートもワールドカップ以降、チームを預かるチャンスはなかった。スマートで、コーチングの手腕を認められていたにもかかわらず、である。

「オールブラックスのヘッドコーチになること、それはイコール総理大臣になるくらい大変なことでしょう。オーストラリアでいえば、クリケットのキャプテンがそういう立場にいます。もしも、クリケットで代表が敗れてしまったら、キャプテンが厳しい立場に立たされます」

目覚めた巨人、南アフリカ

そして、オーストラリア、ニュージーランドとともにラグビー界の覇権を競ってきたのが南アフリカである。「スプリングボクス」というニックネームを持つ南アフリカは、1995年の地元開催のワールドカップで優勝したが、そのあたりの事情はクリント・イーストウッド監督の『インビクタス』で映画化もされている。「ネルソン・マンデラ伝説」の重要な一部をラグビーが占めていたのである。

また、２０１５年のワールドカップでは日本がグループ戦で最初に戦う相手でもある。南アフリカの選手は体格が大きく、見るからに強そうだ。

フィジカルなプレーを得意とするのは、南アフリカの歴史がそうさせている――とエディーさんは分析する。

「南アフリカは、かつては政府がフィジカルなパワーで国民を支配していた国です。五百万人の白人たちが、残りの四千五百万人を支配していた。そうした遺伝子がいまだにラグビーでも残っています。オランダ系のアフリカーンスは体格に恵まれた人種なので、体の強さを前面に出したラグビーを展開してきます」

現在では、スプリングボクスでも人種的な融合は進んできているが、やはりこの国においてラグビーは「白人のスポーツ」であることに変わりはない。ライバルであるオールブラックス、ワラビーズと比較すると、ラグビーのスタイルは大きく違う。

「ニュージーランドはテリトリーを重視します。オーストラリアはテリトリーよりもポゼッションを重視します。ただ、タイプは違えども、この二つのチームはいずれもアタックすることを好みます。ところが、南アフリカは反対で、相手にボールを持っていて欲しい。ディフェンスを好む国民なんです。この辺が面白い」

相手にボールを持っていて欲しい？　そんなスタイルを好むチームがあるのだろうか。

「あるんです。敵にボールを持たせ、相手をスマッシュしにいく。痛めつけるんです。そこからボールを奪いにいくスタイルを好みます。だからこそ、選手たちのマインドセットも違います。オールブラックス、ワラビーズは試合に勝ちにいく。南アフリカは、相手をたたきのめし、コーナーにとことん追いつめる」

南アフリカが1995年、2007年のワールドカップで優勝したときも、基本的にはディフェンスを中心としたチーム作りが功を奏した。2007年のチームのときは、エディーさんはテクニカル・アドバイザーとして働いたが、選手たちのマインドセットの違いに驚いたこともあった。

「グループ戦でイングランドと対戦した前半、スプリングボクスは30対0で勝っていました。ハーフタイムのロッカールームで、私がワラビーズのコーチだったら、『よしっ、60対0で勝とう！』と言ったはずです。ところがスプリングボクスは違う。『相手にボールを渡そう。もう、勝敗は動かないから、ディフェンスの練習をしよう』。驚きましたね。南アフリカのラガーマンたちは全く発想が違うんです。試合は、結局、36対0で勝ちました。面白かったのは、翌日の新聞です。後半、イングランドがいい戦いをしたという論評が出ていたんです。南アフリカがボールを渡していただけなのに」

相手をいかにして追い詰められるのか、どうやってスマッシュ＝痛めつけられるのか、ということに焦点があるためか、南アフリカのラグビーは世界的にはあまり人気がない。

エディーさんも「たしかに、クリエイティブな面は少ないかもしれませんね」と認める。ただし、ディフェンス重視の保守的なスタイルではオールブラックスには歯が立たないことが明らかになってきたいま、南アフリカも創造性を志向しつつある。

「その方向性を目指すのは不可避です。選手たちのマインドセットにどんな影響が出るのかにいまは注目しています」

ワールドカップの日本との戦いでは、どんなスタイルが見られるのだろうか。

アルゼンチンという国

1995年にラグビーがプロ化してから、南半球ではニュージーランド、オーストラリア、そして南アフリカが中心となってラグビー界をリードして、3カ国の対抗戦「トライ・ネーションズ」が行われてきた。そこに2012年からアルゼンチンが加わり、「ザ・ラグビー・チャンピオンシップ」と名前を変えた。

かつて、ランキングでは日本と同等だったアルゼンチンだが、2007年のワールドカップでは3位に入る大健闘を見せた。アルゼンチンといえば、サッカーというイメージが強いだろうが、ラグビーもなかなかの存在感を発揮している。ただし、エディーさんの評価は辛口だ。

「勝つためには、本当に何でもする国です。ひょっとしたら、世界でいちばんダーティなプレーをする国かもしれませんよ。対戦相手としては、本当に厄介です。2007年のワールドカップでは戦力が充実し、3位になりましたが、彼らはキックを高く蹴り続け、そこでファイトし続けた。ただ、それだけをシンプルに徹底しただけです。クリエイティビティに見るべきものはありませんでした。スクラムに異常な愛情を注いでいますが、国民性として、一丸となったときにどれだけ自分たちが強いのか、団結心を証明する手段を求めていて、それがスクラム・トライという表現手段をとるのではないでしょうか。非常に、不思議な国です」

サッカーではマラドーナ、メッシといった小柄ではあるがテクニックのある選手を生み出しているが、ラグビーではそのレベルの選手を輩出してはいない。

「メッシはスキルフルですね。ただし、ラグビーではまだ、あのレベルでスキルフルな選手は出ていません。もちろん、キックがうまいのは認めますがね。メッシを見ていると、小柄だけれど、強さを感じます。もしも、香川真司がメッシほどの強さを持っていたとしたら、たいへんな選手になっているでしょう」

エディーさんは、アルゼンチンの経済状況が選手に大きな影響を与えているのを垣間見たことがある。

かつて、オーストラリアのブランビーズのヘッドコーチ時代、アルゼンチン出身のノリエガというプロップがいた。しかし、何かというと痛がり、プレーに前向きではない。何かおかしいと思ったエディーさんが事情を探ってみると、ノリエガは自分の家族だけでなく、アルゼンチンの親戚の面倒を見なければならない立場にあった。お金が必要だったのだ。

「彼は家族、そしてお金のためにプレーしていたんです。それがアルゼンチンの現実なんだな、と思いました。そこでブランビーズのCEOと話して、ノリエガに毎試合、インセンティブを与えるようにしたんです。そうしたら、彼はシーズン全試合でプレーしてくれただけでなく、素晴らしいパフォーマンスを見せてくれた」

選手の状況に応じたエディーさんの配慮だった。

ザ・ラグビー・チャンピオンシップでプレーする4カ国には、それぞれ、色とりどりの「事情」があるのだ。

Try 9 ラグビーの世界地図
――北半球編――

ラグビー界の南北格差

一般的に北半球と南半球の話をする場合、日本では北半球から話を始める場合が多い。日本が北半球に位置していることもあるし、その方が自然だからだろう。しかし、この本で私は南半球から書いた。

ラグビー界には長らく「南北格差」が存在し、南半球がリードする形になっていたからだ。戦力的に優位を誇る南半球の国々。しかし、経済的には北半球の国々が優るため、南半球の選手たちは北半球へと移籍していく。イングランド、フランス、そして日本。北半球のクラブへの移籍は、南半球の選手たちにとって経済的な安定を意味する。

ワールドカップでの戦績を見ると、北半球の国が優勝したのは2003年大会のイングランドだけだ。フランスは1999年と2007年の大会でニュージーランドを破るという番狂わせを演じ、2011年の大会では決勝でニュージーランドに冷や汗をかかせたが、未だ優勝にはいたっていない。

北半球には伝統国を中心としたシックス・ネーションズがあり、その他のヨーロッパの国々に加え、北米大陸のアメリカ、カナダなどもある。

北半球のラグビー地図をエディーさんはどのように読み解いているのだろうか。

宗主国・イングランドの立ち位置

白のジャージに、胸にはバラのエンブレム。協会の名前は〝Rugby Football Union〟、どこにもイングランドの文字はない。なぜなら、世界で初めて創設された協会だから、国の名前を冠する必要はなかったのだ。

イングランドのラグビーをひと言で表現するなら、「プライド」だろうか。それが時に傲岸不遜に映ることもある。エディーさんもシニカルな視線をイングランドに対しては向ける。

「歴史をたどってみると、オーストラリアはイングランドの受刑者が送られた土地です。イングランドがファーストクラスの国で、オーストラリアはセカンドクラスという見方はどうしてもあったと思います。ただ、最近ではイングランドから自ら進んで移り住む人が多くなってきましたがね。イングランドは産業革命が起きた１８７０年代から基本的な部分は変わっていないと思うのです。社会の仕組み、インフラは当時のままです。たとえば、地下鉄を使ってみれば分かりますが、不便なのです」

私もロンドンのとある駅で、階段を使って地上に出ようとしたら、なんと数百段の螺旋階段でたまげたことがあった。たしかに、社会のインフラは産業革命の時代で停滞したままだと感じることが度々ある。そうした保守的な国柄はスポーツの世界にも及んでいるという。

「ラグビーに限らず、とてもコンサバティブです。保守的なのがイングランドのスポーツの特徴で、クリケットも似たようなジレンマを抱えています。ラグビーでは試合に勝ちにいくというよりも、相手を『スクイーズ』、痛めつけることを目的としたラグビーを目指す傾向がありました。唯一、1997年から2004年までヘッドコーチを務めたクライブ・ウッドワードだけが『革命』を起こすことに成功し、ワールドカップでの栄冠をつかみ取りました。彼は世界のラグビーを研究し、世界の一流チームと遜色のないディフェンス・システムを実践できるチームを作り上げました。しかし、彼が勇退してからは、結局は安定した結果を残せていません。また、時計の針が逆戻りしてしまっている感じです」

なぜ、ウッドワードは成功を収めたのか？

2015年、ワールドカップのホスト国となったイングランドは上昇基調にあるが、プロ化がなされたこの20年間、なぜ、ウッドワード体制のときだけ大きな成功を収められたのだろうか。2003年の決勝で、ワラビーズのヘッドコーチとしてイングランドと対戦したエディーさんは、ウッドワードはイングランドの中では「ユニーク」な人材だったと語る。

「彼はお金持ちだったんですよ。だから、ある意味リベラルに振る舞うことが出来た。お金から自由だったからそれが可能だった。彼は現役時代、イングランドから離れてシドニーのマンリーというクラブでプレーしていました。1980年代半ばとしてはとても珍しいことで、彼はオーストラリアでラグビーを学び、視野を広げました。それがコーチング・キャリアに生きたんでしょう」

イングランドから飛び出し、旧守的な発想から抜け出すことで、ウッドワードは成功を収めることが出来たのだ。それにしても「お金持ち」だったから、というのが興味深い。

エディーさんはイングランドとの関係も深い。2008年から2009年のシーズンにイングランドのクラブチーム、サラセンズのディレクターを務めていたのだ。シーズン終了後に家庭の事情を理由に辞任しているが、実は、その前にイングランド協会から「ディレクター・オブ・ラグビー」というポジションの面接を受けないかという話をもらったという。

「候補者はクライブ・ウッドワードと、名門ケンブリッジ大学出身で、かつてイングランド代表のスタンドオフとして活躍したロブ・アンドリューです。そのなかに私も入っているというのはとても光栄でしたが、『このポジションに、オーストラリア人の私が就いて欲しいと本気で思っているのですか？』と質問したんです。すると、『本当はイングランド人が好ましいのだが……』と本音が出ました。協会としては、海外からも候補者を探して、正しい方法で最適の人材を選んでいる——そうアピールしたかったんでしょう。これは、とてもイングランドらしい方法だと感じました」

イングランドの体質

保守。体面にこだわる。それがイングランドの気質の一部であることは間違いない。実は、エディーさんはイングランドと日本に共通点を見いだしている。それは「島国」ということだ。

「島国にいると、どうしても保守的な傾向が芽生えるのではないでしょうか。そして、私には周りの国からは孤立しがちに思えます。実際、イギリスはユーロも導入していません。そして日本もイギリスも、自分の国内でいろいろなものを作りだす能力がある。産業革命もそうですし、日本の戦後の復興にも同じようなことが言える」

ただ、劇的な革命を起こしたあとが問題なのだ、とエディーさんはいう。

「日本は戦後、とてもクリエイティブでした。その後も目覚ましい成長を遂げた。20年前、ソニーの製品は本当に美しく、性能も、機能も最高だった。ただ、そこで満足してしまったのか、韓国のプロダクトに追いつかれ、今ではアップルが次元の違うことを行っています。日本は、止まってしまったんですよ。そして、イングランドは産業革命の時点で止まってしまった。イングランドはもっと発展する可能性があったと思うのですが、そこで止まったままだった。私には、安定を得て、そこで変化を求めなくなってしまったように思えてなりません。それは人間も社会も一緒です」

こうした社会の体質は確実にスポーツの世界にも伝播する。

「イングランドは世界のトップスリーに入るべきチームです。それなのに、南半球のチームの下、四番手、五番手で満足してしまっている。それが私には理解できません。日本も同じですよ。世界ランキング15位、16位あたりで満足している。国内のリーグは安定し、生活に困ることはない。居心地がいいからじゃないですか、イングランドも、日本も。それが島国のメンタリティに思えてなりません」

しかし、なぜ同じ島国なのにニュージーランドだけはラグビーの世界で大きな成功を収めてきたのか。

「ニュージーランドの場合は、自国では、経済も、文化も完結できないからです。受け入れる、あるいは出ていくことが必要なんです。反対にイングランドや日本にはアートも、産業もある。十分にそこで生活が成り立っています。恵まれている分、何かを失うこともあるわけです」

なぜ、プレミアリーグは成功したのか

保守的な体質が足を引っ張っているイングランド。しかし、サッカーだけは別だ。イングランド・プレミアリーグは世界中から最高レベルの選手とコーチを集め、ビジネス的にも大成功を収めている。エディーさんもプレミアリーグの運営を高く評価している。

「サッカーだけは例外でしょう。プレミアリーグは、決してイングランドの社会を反映しているとは言えません。海外から資本、人材が集まってきていて、もっとも国際化に成功したリーグだからです」

ひょっとしたら、金融都市・ロンドンの反映なのかもしれない。プレミアリーグは、選手の獲得にしてもお金がモノをいう世界で、年俸総額と成績の関連性が強い。しかし、この傾向もごくごく最近のことである。

「アーセン・ベンゲルが１９９６年まで名古屋グランパスのヘッドコーチを務め、次のシーズンからアーセナルに移ったのはプレミアリーグが始まって間もない時期で、当時はまだプロとはいえない集団だったようです」

ベンゲルが試合前にロッカールームに入っていくと、選手たちはタバコを吸ったり、新聞を読んだり、ラジオで競馬中継を聞いていた。試合当日の朝食もベーコンに卵といった典型的なイングリッシュ・ブレックファスト。試合に対する姿勢は、とてもプロフェッショナルとは言えず、そこでベンゲルは「革命」を起こした。サッカーに美しさを求め、科学を導入していったのだ。

「おそらく、ラグビーも10年後、15年後にはプレミアリーグのように発展していくと思います。リーグ戦については国境、国籍が今よりも取り払われていくのではないでしょうか」

ジョニー・ウィルキンソンという選手

イングランドのラグビー界で、世界的な人気を誇ったのが、スタンドオフのジョニー・ウィルキンソンである。２００３年ワールドカップ優勝の立役者。延長戦でウィルキンソンのドロップゴールが決まり、イングランドは初優勝を飾った。彼がプレースキックを蹴るときの独特のフォームは世界中に広がり、日本でも両手を前で組み、そこから動作をスタートさせる選手をよく見かける。


ワールドカップ決勝という大舞台で対峙したヘッドコーチとして、ウィルキンソンのことをエディーさんはどう見ているのか。

「過去30年間のラグビーの歴史を振り返ってみると、彼は『自分の能力を最大限に活かした選手』だと思います。素質、という面に限ってみれば、そこまでの選手ではなかった。ウィルコ（ウィルキンソンのニックネーム）が最初にテストマッチに先発したのは、１９９８年のツアーで、ブリスベンで行われたオーストラリア戦でした。76対０でワラビーズが勝ちました。それが彼にとっての最初のテストマッチだった。私はその時のプレーを見て、ウィルコがずっとイングランドのスタンドオフを務められるとは思っていませんでした。その後、彼はフィジカル面をしっかりと鍛え、利き足である左足のキックは、世界でいちばん正確な武器になった。それだけでなく、右足のキックも正確になったし、スーパーにタフな選手になったんです。経験を積むことで、ゲームの流れを読むことも上手になった」

あまり素質に恵まれなかったウィルキンソンが、なぜ、そこまでの成功を収めることが出来たのか。「性格」が大きな要因だとエディーさんは見ている。

「向上心が段違いだったと思います。これは聞いた話ですが、彼はゴルフの練習はするけれども、コースではプレーしない。なぜかというと、『実際にゲームをすると、完璧にプレーできないから』というのがその理由だそうです。彼は完璧主義者で、かなりこだわりが強いのでしょう。だから練習はしても、ゴルフはしない。ラグビーでも完璧を求めていたのだと思います」

イングランド人でありながら、満足しない男。

リベラルなウッドワードと、向上心が強いウィルキンソンの組み合わせが２００３年の優勝につながったようだ。エディーさんにとっては、悔しい思い出だろうが……。

ケルトの国々——スコットランド、ウェールズ、アイルランド

オリンピックで「イギリス」といえば、イングランドだけでなく、スコットランド、ウェールズ、北アイルランドの選手たちが代表に名を連ねる。しかし、ラグビー、サッカーではそれぞれが独立した協会を持っている。ラグビーでは北アイルランドとアイルランドはひとつのチームになっているのもラグビーならではの特色だ。

これらの国に共通しているのはケルト民族ということである。

「シックス・ネーションズに参加しているスコットランド、ウェールズ、アイルランドに共通しているのは、イングランドをとことん嫌っていることです」

この3カ国のなかで、2015年のワールドカップでは日本代表はスコットランドと対戦する。1989年に宿澤ジャパンがスコットランドを秩父宮で破ったのは、いまも記憶に新しいが、スコットランドの特色はどこにあるのか。

「彼らは誇り高い国民です。ホーム・グラウンドであるマレー・フィールドでラグビーアンセムの『フラワー・オブ・スコットランド』を聴くと、本当に感動します。スコットランドは人口も少ないのに、よく世界のトップ8に入っていると感心しますね。環境的にもっともタフな国のひとつですし、ゴルフの全英オープンでスコットランドが舞台になると、ものすごい悪天候の

なかでプレーをしていますからね。その環境のせいか、スコットランド人は勤勉な国民だと思いますし、ラグビーでは本当に粘り強い。ただし、イングランドと比較すると体格的に劣るので、工夫が必要になります。大きな国に対して常に立ち向かっていく姿勢。それはイングランドと戦ってきたスコットランドの歴史、そのもののような気がします」

２０１４年には、イギリスからの独立をめぐって住民投票が行われたのも記憶に新しい。結果は反対票が上回ったが、世界的にも大きな注目を集めた。

エディーさんによれば、スコットランドの選手たちは常にクリーンなプレーをするという。体をヒットするのであれば、必ず正面からヒットしてくる。ラック、モールといった密集戦でもルールに則り、汚いプレーはしてこない。

「ムダな駆け引きはなく、正々堂々としている。プライド、誇りの高さがそうさせるのだと思います」

しかし、スコットランドのような清廉な国ばかりではないとエディーさんはいう。

政治家？　アイルランド

アイルランドはダンスやフォークソングなど、音楽ではロマンティックな面を持つ。ロックバンドのＵ２もアイルランド出身だ。そのアイルランド人だが、エディーさんの経験では、とても政治的な国民性があるという。

「アイルランドと対戦して、ラックが組まれるとなぜかボールはアイルランドの方に転がっている……。そんなことわざが英語にはあるほどです。私が思い出すのは、2003年のワールドカップのとき、オーストラリア、アイルランド、アルゼンチンが同じグループに入りました。とにかくアルゼンチンは汚いプレーをしてくるので、アイルランドのコーチがわざわざ私のところまでやって来て、『メディアに対して、彼らがいかに汚いか、話してくれないか？』と言ってきたんですよ。私は開催国オーストラリアのメディアに対して、それなりに影響力がありましたから、それを見越してトリッキーな動きを仕掛けてきたんです。交渉して、自分の利益を最大化することに興味があるんですよ、彼らは」

実はグループ戦のアイルランド戦の前に、ちょっとしたハプニングがあったという。

「週末の試合に向けて、私がアイルランド戦のサマリー、戦略の書類をまとめていたんです。試合の前々日の午後に書いて、それを秘書に渡してタイプしてもらう手はずでした。私が書き終えて、秘書にペーパーを渡そうとしたんですが、彼女はちょうど買い物に出かけていた。それでドアの下から滑り込ませたんですが、そのペーパーの端がちょっとだけドアから出ていた。すると、誰かがそのペーパーを盗んだんです」

エディーさんはハッキリとは言わなかったが、どうやらその〝犯人〟は対戦相手の関係者と信じているようだった。

「アイルランドと対戦するときは、常に油断せず、駆け引きに対して準備しておくことが大切です」

ウェールズのタフさ

残るひとつの国は、ウェールズだ。

1975年に黄金時代のウェールズが来日したことを記憶しているファンも多いし、石炭、炭坑の国であり、赤いジャージを来ていることから、新日鉄釜石をウェールズ代表になぞらえる人も多かった。

歌とお酒が大好き。ジョン・フォードの映画『わが谷は緑なりき』にはウェールズ庶民の生活が活写されている。なぜか、ロマンチシズムをかき立てる国、チームなのだ。

私も二度、ワールドカップを見にウェールズまで足を運んだが、会う人たちはとても親切で、機会があれば再訪したいと思わせる国だ。エディーさんから見たウェールズとはどんなチームなのか。

「フォワードとバックスではまったく印象が違います。もともと炭坑夫が多く、フォワードはタフで、ボールを獲得するためなら、前からも、後ろからもスマッシュしてくる風土がありました。とにかく、痛めつけてくるんです。私がオーストラリアでプレーしたときも、ウェールズから選手がやってきましたが、彼らはパンチ、キックも厭わない。本当にタフな選手たちでした」

ウェールズのラグビーの根底にあったのは、きびしい炭坑労働からの解放であり、フォワードには日頃の「鬱憤」を晴らす効果があった。その伝統がいまも残るのだ。ジャパンがウェールズと戦えば、徹底的にいじめに来る。

「2013年にわれわれは秩父宮でウェールズに勝ちました。その大きな理由の一つは、スクラムハーフのフミ（田中史朗）が、ウェールズの選手相手にケンカを仕掛けたからだと思っています。フミは、相手が汚いプレーをしてくるのが許せなかった。それで食って掛かったんですよ。どういう効果があったか？　いじめっ子という存在は、面と向かって歯向かわれると、嫌なものなんです。だから、165センチしかないフミが、本気になって怒っていたのが、彼らのメンタリティに影響を及ぼしたと思っています」

ちょっとしたプレーで、試合の空気というものは変わる。

ウェールズが勝つパターンというのは、フォワードが相手をしっかりと「いじめた時」なのである。

「だから、ウェールズはなかなかイングランドには勝てないのです。まず、体格的に上回れない。それに加えて、支配されたという歴史があります。ウェールズは単純で、ランキング6位ならば、7位以下のチームにはフィジカルのパワーを使って圧倒して勝てる。いくらラグビーが進化しても、フィジカルの呪縛から逃れられていません。日本代表では、フミのような勇気あるプレーが必要な場合もあります」

フィジカルで圧倒しようとするフォワードとは違って、ウェールズのバックスの選手たちは解放の表現手段として、「クリエイティビティ」という方向性を模索してきた。

「小柄ですが、スキルフルで素早く動ける選手がバックスからは育っています。1970年代に遡れば、スクラムハーフにガレス・エドワーズ、スタンドオフにはバリー・ジョン、フィル・ベネット。スリークォーターにはJPR・ウィリアムズ……。みんな、伝説の選手たちばかりです。最近では、三菱重工相模原でプレーしたウィングのシェーン・ウィリアムズは小さいけれど、本当に俊敏な選手でした」

しかし、ここ十数年はウェールズにも強化方針に迷いが出ているのではないか、とエディーさんは見ている。21世紀に入ってから、海外の監督を招くようになったからだ。先に触れたように、ニュージーランドからグレアム・ヘンリーを招いてそれなりの成功を収めたし、今は同じくニュージーランド人のジョン・ガットランドが世界のトップ6に入るタフなチームを作り上げている。

「ニュージーランドのコーチが入ったことで、バックスの選手の体格が大きくなりました。フィジカルで対抗できる選手を選んでいるんですね。ニュージーランド人はそうした発想をするからです。そうなると、ウェールズの伝統的な小柄だけれどクリエイティブな選手の入る余地がなくなってきます。これは難しい判断ですが、結果を残しているのでこの路線が継続していくでしょう」

海外からコーチを招くということは、自国のオリジナリティを失う危険性と隣り合わせということだ。これはなにも、ラグビーだけでなく、他の競技にも言えることだろう。エディーさんがいうように、「その国のクラブで優勝経験があること」が重要な意味を持ってくるのはそのためだ。

フランスの存在感

シックス・ネーションズには、大陸からフランスとイタリアが参加している。特にフランスはシックス・ネーションズだけでなく、ワールドカップでもニュージーランドに2回も勝って、その存在感を示している。フランスのラグビーの特徴は、実はウェールズと似ている。大きなフォワードと、クリエイティブなバックスのコンビネーションだ。

「フランスでラグビーが盛んなのは、南部の農村地帯です。たくましい農民たちがフランスのフォワードを支えてきました。基本的に彼らもスマッシュ、相手を痛めつけるのを好みます。バックスはかつて、素晴らしいクリエイティビティを持っていました。代表的なのは、1980年代から90年代にかけて活躍したフルバックのセルジュ・ブランコでしょうね。彼がボールを持ってサイドラインを駆け上がっていく。センターのフィリップ・セラも記憶に残っています。基本的にチームとしてオープンプレーを好み、洒脱で、おしゃれなラグビーを志向していました」

フランス・ラグビーの特徴のひとつとして、9番のスクラムハーフと、10番のスタンドオフが、状況によってはポジションを入れ替える場面がある。両方のポジションをこなせる選手がいたのだ。「ハイブリッド」な感じをかつてから醸し出していたが、ポジションごとの専門性が進んだ現代では、きわめて珍しいシステムだった。エディーさんも「あのクリエイティビティは、フランスならでは」と評価する。

「とにかく9番と10番を入れ替えるというのは、素晴らしい発想です。フランスのスクラムハーフは私も好きですね。フォワードをしっかりと動かせるし、本当にスマートです。かつてはラインアウトのスローワーも務めていたほどです」

しかし、近年はクリエイティブなプレーや華麗なプレーが影を潜め、サイズに頼ったバックスになってしまっているとエディーさんは嘆く。

「いま、フランスはラグビーのアイデンティティを失っています。それはフランスの国の状況、そのものを表しています」

人種の多様性がラグビーに与える意味

かつて1980年代のファイブ・ネーションズ（当時、イタリアはまだ参加していなかった）では、フランスといえば白人の選手ばかりで構成されていた。

「1980年代、フランスの代表選手たちを思い出してみてください。ほとんど、白人で占められていました。しかし、いまはフランスの国も変わりました。1998年のサッカーのワールドカップではアルジェリア移民の息子であるジネジーヌ・ジダンが活躍して象徴的な存在になりましたが、ラグビーでも今は様々な国の出身選手が増えました」

2015年のワールドカップに向けてのスコッド36人を見てみると、南アフリカ出身の選手が3人、その他にもベルギー、ザイール、ブルキナファソ、アルジェリア、フィジー、ニュージーランドの選手がいて、主将のフランカー、ティエリ・デュソトワールはフランス人を父に持つコートジボワールの出身だ。

「このメンバー構成を見ても、フランスの社会がそれだけ変わったということの証明だと思います。ただ、フランカー、スクラムハーフ、フルバックといったディシジョン・メーカーに南アフリカ出身の選手を起用していて、私が試合を見る限り、彼らと他のメンバーのコンビネーションがいまひとつうまくいっていない。元来、フランス人は議論するのが大好きな国民ですから、母国語を話せないスクラムハーフが入ってくるのはやりにくいはずなのです」

ここで重要になってくるのは、そうした人種的な多様性を、ニュージーランドが成功したように、ヘッドコーチをはじめとしたスタッフが理解して最大限に生かすことだ。

「かつてのフランス・ラグビーの文法では、今のラグビーは捉えきれません。しかし、コーチたちは、フランスのラグビーの素晴らしさは何だったのか、それを忘れてはいけないでしょう。と同時に、今のメンバーでいちばん効果的なフランスのラグビーは何かを模索しなければならない」

人種的な構成がフランスのラグビー・スタイルに大きな影響を及ぼしているとは想像もつかなかった。ラグビーはその国の社会を反映する鏡であることをあらためて感じる。

ニュージーランドの例が示すように、21世紀のラグビーの成功の秘訣は、人種的な融合をピッチの上でいかに果たすかがカギになるということなのだ。スコッドに多くの外国出身の選手を抱える日本もそうした課題に直面しているともいえる。そうなると、ヘッドコーチにはより深い洞察力と、想像力が不可欠になる。

「ニュージーランドのコーチたちは、白人の選手たちの強み、そしてアイランダーの長所をよく理解して、最大限に能力を引き出しています。様々な文化を背景に持った選手たちがチームに集まってくれれば、必然的にチームの環境も変わります。ヘッドコーチに求められるのは、『新しい環境』を作り、うまく機能させることなのです」

難しい課題を抱えたフランスだが、ワールドカップという舞台では、ひとつ大きな武器を持っている。それは、不思議なことに、オールブラックスを怖がらないということだ。

「フランスの選手たちのメンタリティは、他の国の選手とはちょっと違うのかもしれません。世界最高のチームに対してチャレンジする、勝つのを楽しみながらやっている感じがします。フランスの面白いところは、結果を残すときは、必ずといっていいほど3、4試合戦ったあとに結果が出ず、その間に選手たちがヘッドコーチに反抗して、自分たちでチームを運営し出すことです。フランスでは労働者のストライキが多いですよね。いざとなると、自分たちが動かなければならないという責任感があるのだと思います」

突如として団結し、世界中の誰もが想像してもいなかった力を発揮する。そうかと思えば、期待されているのにあっさり負ける。

とにかく、フランス人は予測不能というのがエディーさんの経験にもとづいた感想だ。サラセンズ時代、フランス代表のバックスとして活躍していたトマス・カスタネードという選手が在籍していた。身長175センチ、小柄ながら、素晴らしいスピードを持ち、クリエイティビティもある。フランス代表としてキャップは54。スタンドオフが本職だが、複数のポジションをこなせるので、ある試合でエディーさんはウィングで起用することにした。それを聞かされたカスタネードは明らかに失望の色を浮かべ、練習での態度も散々だった。

ところが、試合当日になると「コーチ、今日俺はジョー・ロフみたいなプレーをするよ！」と突然上機嫌になり、実際、素晴らしいプレーを披露した。エディーさんには訳が分からなかった。

「ガールフレンドと、楽しいことがあったのかもしれませんね」

ヨーロッパを俯瞰する――イタリア、ルーマニア、ジョージア

いまはシックス・ネーションズになっているが、もともとはイングランド、スコットランド、ウェールズ、アイルランドの英国四協会の対抗戦であり、そこにフランスが加わって「ファイブ・ネーションズ」となり、2000年からはイタリアが参加して6カ国になった。日本は2014年にはイタリアに勝利するなど、やっと互角に戦えるようになってきたが、ヨーロッパには独特のラグビー文化がある。

「イタリアのサッカーはディフェンシブですよね。フィジカルが強いので相手を締めつけるスタイルですが、ラグビーでも似たようなスタイルが見られます。けれど、十分な力がないので、

圧倒することは出来ません。それよりも、彼らは人生を楽しむことに優れています。かつて、ジョン・カーワンがヘッドコーチだったイタリア代表やクラブチームの練習を見学したことがありますが、練習そのものよりも、クラブで出される食事が素晴らしかった。どうも、ラグビーの周辺の方に情熱が向いているような気がします」

エディーさんがサラセンズ時代にコーチした元イタリア代表の選手は、引退後、ビジネスで成功した。屋台での飲食店を振り出しに、いまではシックス・ネーションズのゲームで、イタリアのスタジアムでの飲食関係の権利を取得し、大成功を収めているという。

人生を楽しむことにかけては、ラテンの人たちは素晴らしい能力を持っている——それがエディーさんの見解だ。

「フランス人、イタリア人に共通しているのはラグビーが人生そのものというよりも、人生の一部にラグビーがあるという感じでしょうか。生き方としては、いいアプローチだと思います。ただ、彼らを強化するとなると、どうしても強化プログラムの中に『楽しみ』を入れこむ必要がある。だから、効果的な計画が遂行できるかどうかは難しい」

反対に、日本人は人生を楽しむのがあまりうまくない。

「ラグビーの文化において、アフター・マッチ・ファンクションはとても重要な儀式です。戦い終えて、選手たちが交流を深める。でも、日本の場合は20〜30分だけ。すべてがラッシュ、急いでいる。日本の社会を反映しているんです。早く終わらせて、次の店に行くのが仕事みたいな（笑）。2次会からは60分単位で、3次会、4次会でようやく打ち解けてくる。不思議ですねえ。一方、アングロサクソンはすごく飲む。酔うために飲んでいる感じです。その点、イタリア、フランスはワインを飲み、美味しい物を食べて、おしゃべりをする」

人生の楽しみ方のアプローチは、日本と真逆のイタリアだが、実はラグビーの発展を阻害している共通の要因が日本とイタリアにはあるという。

「イタリアのコーチのカンファレンスに何回か出席することがあったんですが、日本とイタリアのコーチはとてもよく似ています。常に国内のリーグにばかりにフォーカスが向いてしまい、何かを提案すると『それはもう昔からやっています』といった答えが必ずといっていいほど返ってくるんです。自分たちのことには干渉しないで欲しいという姿勢があるように感じられて仕方がないんです」

両国のコーチングに共通しているのは、英語が得意ではないこと。そこにも問題点が潜んでいるとエディーさんは感じている。

日本のライバルたち

2015年7月の時点で、世界ランキング13位の日本にとって、下位のチームには今後も取りこぼしはしたくないところだ。２０１５年のワールドカップでは最終戦ではランキング16位のアメリカと対戦する。

第1回大会では勝ちが期待されたのに敗れた相手でもある。ただし、エディーさんの目からはアメリカという国は、ラグビー文化が浸透していないように見える。

「アメリカは選手のポテンシャルも高いですし、可能性を秘めているのですが、すべてのスポーツをプロの尺度に当てはめてビジネスとして考えてしまうところがある。アメリカ遠征に行っても、ホストとしていい印象を持ったことはありません。かつて、ラグビーは相手が遠征してきたときは『おもてなし』を重視する文化があり、それがいまだに根付いています。アメリカにはありませんね。反対にカナダは素晴らしいホスト国です。予算が少ない中で、もてなそうという意識がはっきりと伝わってきます。正直だし、ピッチの上でもハードに向かってくる。スコットランドと同じスタイルで好感が持てるんです」

ヨーロッパだと近年では日本はジョージア、そしてルーマニアとテストマッチを戦っている。ジョージアは格闘技でたくましい人材を輩出しており、ラグビーでも力技でどんどん押し込んでくる。特にフォワード戦では骨の軋みが聞こえてきそうなほどだ。

「ジョージアに行くと、女性もみなさんたくましいですよ。実は、赤ワインが地球で初めて作られたのは、このジョージアらしいのです。私たちが遠征に行った時に、空港でそうしたＰＲ

をしていました。ラグビーでは本当にフィジカルで、タフな選手ばかりがそろっています。手なんてまるで、レンガですよ。肉体でジャパンを圧倒しようとしてくる国です。ルーマニアは経済的に厳しい国で共産圏が崩壊してからうまく立ち直っていない印象ですが、ラグビーを通して立て直すことは可能でしょう。ただ、国中どこに行ってもタバコの匂いが立ちこめているのが忘れられません」

エピローグ

日本の未来

90分。

これがエディーさんとの対話の一回分の時間だった。

「ラグビーではなく、サッカーの時間ですね」とエディーさんが微笑んだので、私は「80分プラス、インジュリー・タイムで」と思って話を聞いていた。

延べ10時間以上の対話のなかで、私はエディーさんがこれからの日本の社会がどうなっていくと予測しているのかが気になっていた。

「ホンダで、新しいスポーツカーを20代の若い人がデザインしたというニュースが最近ありました。社内でコンテストがあって優勝し、その若いリーダーにデザインを任せたそうです。私などは、こういう新聞記事に反応します。日本の社会に大きな変化が訪れている予感がするからです。その記事の中で印象的だったのは、かつてホンダはクリエイティブな企業だったけれどそれが失われ、いま一度原点回帰を志したときに出てきたのが、やはりクリエイティビティだったわけです」

エディーさんは、確実に変化の兆候を感じとっていた。

日本が創造力の歩みを止めてしまった背景には経済的な基盤が安定し、「ミスをしない」ことが支配的になってしまったことが根底にあるという。

「社会に『ノーミス志向』が強ければ、クリエイティブに考えたり、決断していく方向に選手を仕向けることはできません。私は、選手たちに決断して欲しい。ただ、日本の社会では選手が決断したあとで『それは間違っていた』と否定することが多い。コーチにとって大切なのは、『選手はなぜそういう決断をしたのか』を考えることです。それを理解することが『アート』なのです」

クリエイティブな社会にするためには、結果ではなく、プロセスに理解を示すべきなのだ。

これからのラグビー

そしてラグビーの未来についても聞いた。プロ化して20年、この期間はラグビーにとって革命的な時期だった。そしていまも進化は続いている。

「私の予想としては、ラグビーはアメリカン・フットボールにより近い形になっていく気がします。スクラムハーフ、スタンドオフ、インサイド・センター、フルバックの選手たちが『ディシジョン・メイキング』をしてゲームを進め、フォワードの選手は仕事人に徹する。ちょうど、アメリカン・フットボールのラインメンのようなイメージです。それに走力のあるアウトサイド・センター、ウィングが加わる。もちろん、選手個々の判断力は重要ですが、役割の分担がもっとハッキリしていくのではないでしょうか」

ラグビーがアメフトに接近していくのは、なにか「オートマティック」「メカニカル」といった言葉が連想されて、そぐわないようにも感じる。ラグビーには、ラグビーの良さがある。果たして、「ラグビーのアメフト化」は好ましい変化なのか。

「いいか、悪いかという単純な問題ではありません。現代のラグビーでは、個々の選手の身体能力が目覚ましく向上して、ますます速く、強く進化しています。そうなると、スペースが少なくなってくるという話は前にもしましたよね。だからこそ、『ディシジョン・メーカー』が決定的な仕事をするようになるのは必然の流れなんです。そして、それを支えるフォワードはこれまで以上に仕事人として自分の役割に徹しなければならなくなる」

もし、そうした変化に不満があるとするなら、より柔軟にラグビーのルールを根幹から変えなければいけないとエディーさんはいう。

「もし、いまのラグビーの潮流を変えようと思ったら、ピッチのスペースをもっと広くしなければなりません。そうすれば、自然とアタックのスペースが増えますから。日本で高校ラグビーの人気が高いのは、スペースがあるからです。ディフェンスへの意識が遅く、寝ている選手も多いので、どうしてもスペースが出来てしまう。たぶん、スペースのある試合はノスタルジックな気持ちになれるから、日本のファンには人気があるんでしょう」

エディーさんは、もうひとつの方向性も教えてくれた。

「15人から人数を減らすことです。10人対10人。あるいは12人対12人」

斬新なアイデアだと思う。10人、12人、という人数はセブンズとはまた違う競技のアイデアだ。オリンピックの正式競技に採択されたことで、今後、セブンズは世界的な広がりを持つことになるだろうが、15人から人数を減らすということは、「セブンズ化」を招くことにつながらないのだろうか。

「セブンズは15人制とはかけ離れています。正直言って、戦術よりも、身体能力の比重が高いスポーツですから、まったく違う競技ですよ。セブンズには限られた選手しか集まってこないと思います。ラグビーの魅力は、他の競技と比較しても、本当に複雑なスポーツだということです。セブンズはシンプル過ぎるのです」

エディーさんは、12人制に可能性を見いだしているようだ。なぜなら、15人制のエッセンスを引き継ぐことが出来るからだという。フォワードは6人。バックスも6人。セブンズでは形骸化しているスクラムにもコンテストがある。ラインアウトでの戦術性も担保される。

ただ、そうすると、15人制は行き着くところまで行き着いてしまったのだろうか。アタックする側にとって、攻めるスペースがないというところまで来てしまったとしたら、これがラグビーの「完成形」を示しているのだろうか。

「プロ化して20年、もっとも進化した部分はどこかというと、選手のフィジカルです。20年前の映像と比べたら一目瞭然ですよね。トップチームを比較すれば、この領域での差は、もうあまり出なくなっているんです。では、次にどうなるか。進化するエリアは『スキル』です。間違いなくスキルにフォーカスが当たります。フィジカルが強く、スキルフルな選手が活躍する時代を迎え、ラグビーは進化を止めません。きっと、さらに面白くなりますよ」

日本のラグビーは変えられないのか？

スキルフルな時代の到来。

果たして、日本に活路はあるのだろうか。エディーさんは日本人がよりクリエイティブになる必要があると考えている。たとえば、ルールを大胆に変えて、日本が目指すラグビーの方向性をローカルルールを通して国内で徹底してしまう方法も考えられるのではないかという。

「極端な話、国内では最初にモールが停滞したら、すぐにボールを動かすように促してもいいんです。他にもいろいろアイデアは湧いてきますよ。ボールがデッドになって、レフリーの笛が吹かれてから30秒以内にスクラムは組まなければならないとか、スクラムが一旦停止したら、すぐにボールをさばかなければいけないとか。そう考えるだけでもラグビーの可能性はどんどん広がります」

「信じること」からすべては始まる

様々なアイデアを抱えるエディーさんが指揮する日本代表は、２０１５年の秋、ロンドンでのワールドカップに挑む。

「選手たちには、毎日勝ちたいという思いがなければなりません。そうした強い気持ちがあれば、常に向上心を持って練習に取り組むことが出来ます」

自分が向上するためには何が必要で、何を準備しなければならないのか。それを理解するための知性と、メンタリティ。

「ジャパンの選手たちのメンタリティは変わってきています」

ジャパンの主力選手たちからは、「２０１９年に日本で開かれるワールドカップ日本大会のためにも、２０１５年に勝って、歴史を変えたい」という頼もしい言葉が聞かれるようになってきた。

エディーさんは、ジャパンの選手たちが所属のクラブでプレーするときに、そうした思いを積極的に表現し、影響を及ぼす選手になって欲しいと考えている。

選手たちの意識改革。それが進めば、日本のラグビーはきっと変わる。そして革命を起こすために最終的に必要なのは、みんなが「信じること」だという。

「日本代表が成功するためには、選手たちが『自分たちのプレースタイルで戦うんだ』と自信を持つことです。ラグビーではフレキシブルに対応することが求められますが、ボールを保持するスタイルが十分に通用する、そう信じることが大事でしょう。それを基にして、ジャパンらしいオリジナリティあふれるラグビーを創造していかなければならない」

1971年に日本代表が秩父宮でイングランド相手に3対6と大健闘した試合は、いまだに語り草となっているが、ある関係者は、「フィフティーンの中に、ひとりだけ大西（鐵之祐）監督の言うことを信じていない選手がいたんだ。その差だったような気もする」と私に話してくれた。

メンバーがひとりも欠けることなく、戦術を信じることが集団にとっては重要なのだ。ボール・ポゼッションは、最低でも50％以上。そしてパスとキックの比率は「11対1」。これがワールドカップの舞台で実現できるかどうかが見どころである。

エディーさんは、日本人は過去に「信じる」ことで成功を収めたバックグラウンドがあると指摘する。

「日本は第二次世界大戦後に、国を作り直しました。アジアの他の国とはスタンダードが違った。これは、素晴らしいことです。では、なぜそれが可能になったのか？　日本らしさを生かし、自分たちの方法で再建できると信じたからですよ。悲観的になることはありません。日本代表が勝つことで、日本の文化は変わります」

エディーさんは、そう信じている。

特別付録

エディーさんの参考書

――必読の15冊――

読書家であるエディーさんは、様々な分野の本からアイデアを得て、それをコーチングの現場に生かしている。

「スポーツの本だけではなく、時にはビジネス書も読みます。考え方が整理されて、とてもすっきりするんです」

ここでは、これまでエディーさんが出会った本の中から影響を受けた本を紹介してもらった。5冊ほど英語の本が並んでいると敬遠する向きもあるかもしれないが、「オープンなマインドになって欲しい」とエディーさんはいう。

「若い日本人のコーチで、インターナショナル・レベルでコーチングをしていきたいと思っているならば、必ず英語を学ばなければなりません。日本ではコーチングの文化が成立していませんから、情報が不足しています。コーチングを学ぶにあたっては、英語からの情報は不可欠です」

【一般書】

『コーチ』（マイケル・ルイス・著）

『マネー・ボール』で知られる著者が、高校時代の野球のコーチについて書いた本。「オールドスクール」と呼ばれる旧式のスタイルのコーチが、世の中の変化によってどう変わっていったのか。ルイスはこの年老いたコーチに普遍の価値を見いだしていく。エディーさんはいう。

「選手には厳しかったけれど、愛されていた。しかし、時代の変化とともに親からは受け入れられなくなってしまったコーチを描いたとても印象深い本です」

『逆転！　強敵や逆境に勝てる秘密』（マルコム・グラッドウェル・著）

『急に売れ始めるにはワケがある』（マルコム・グラッドウェル・著）

マルコム・グラッドウェルは雑誌『ニューヨーカー』などに寄稿する〝売れっ子〟で、スポーツが専門ではなく、あらゆる読み物を得意とするライター。読んでいて面白く、アイデアの宝庫だ。

『逆転！～』は無名の女子校のバスケットボールチームが州大会で優勝した理由や、そうかと思えば公民権運動でマーチン・ルーサー・キングが取った「戦術」などを分析している。

「『逆転！～』は、日本人のコーチにとって、これからの教科書であるべきだと思います。原書のタイトルが〝David and Goliath〟(ダビデとゴリアテ)になっているように、〝小よく大を制す〟ということがテーマです。日本のラグビー界の歴史を紐解いてみると、7連覇を達成した新日鉄釜石、神戸製鋼ともに大型フォワードを擁して、基本的にはスローな、コントロールされたラグビーで成功を収めています。東芝もそのグループに入ります。しかし、国際レベルではそうしたラグビーは通用しないわけで、違う戦術で戦わなければならない。小さいけれども勝つ。そのためには発想の転換が必要です。そのヒントを与えてくれる本です」

この本ではスポーツだけでなく、大学の経営上のマネージメントなども紹介されており、様々なアイデアが湧いてくる。

「日本でコーチングするにあたって、この本がまさにテキストブックになるのは、問題は何かということを把握する重要性が書かれているからです。そしてクリエイティブに発想して物事を解決していく。体が大きくなければ、それを補う『知恵』が本当に大切で、それは実現可能だということを教えてくれます」

『あなたのチームは、機能してますか？』（パトリック・レンシオーニ・著）

レンシオーニは『なぜＣＥＯの転進先が小さなレストランだったのか』『ザ・アドバンテージ』などビジネス書で数々のベストセラーがある。この本では「信頼」「衝突」「責任感」「説明責任」「結果」の５つの要素がチームの成功、不成功に影響を与えると指摘している（原題が“The Five Dysfunctions of a Team”、「チームの５つの機能不全」である）。

『ビジョナリー カンパニー２　飛躍の法則』（ジェームズ・Ｃ・コリンズ・著）

日本では２００１年に翻訳書が出たが、いまだに売れ続けている。成功した企業11社は、何が優れていたのか？　飛躍した企業の成功の法則を探る。

“Winning Matters”（フランク・ディック・著）

著者のディックは陸上のコーチ。１９７９年から１９９４年にイギリス陸上連盟のコーチング・ディレクターとしてイギリス陸上界の黄金期の土台を作った。モスクワ・オリンピックの金メダリストでロンドン・オリンピックでは組織委員会の会長を務めたセバスチャン・コーは、「彼はチームのマネージメントにプロフェッショナリズムを持ちこんだ最初の人物だった」とその功績を評価している。

【アメリカン・フットボール】

“Finding the Winning Edge”（ビル・ウォルシュ・著）

“The Score Takes Care of Itself”（ビル・ウォルシュ・著）

ビル・ウォルシュは1980年代にNFLのサンフランシスコ・フォーティナイナーズでスーパーボウルを制覇したヘッドコーチ。そのときのクォーターバック（QB）は、ジョー・モンタナである。

「“Finding the Winning Edge”はコーチングのバイブルですね。特に日本のコーチたちには読んでもらいたいです。プロフェッショナルのコーチとは、どういうものなのか、チームをどうやってオーガナイズしていくのか、そうしたことが書かれています。試合に向けていい準備をするにはどういうことをしなければならないのか、実例が挙げられているので、とても参考になります」

“The Tao of Chip Kelly”（マーク・サルベイト・著）

現在、フィラデルフィア・イーグルスのヘッドコーチであるチップ・ケリーは、オレゴン大学時代から「ハイパー・オフェンス」と呼ばれる超高速オフェンスを仕掛け、50点以上を取って勝つことも珍しくない「革新的なコーチ」である。

「この本で印象的だったのは、チームを機能させるには5つの要素が必要だという部分です。なんだか、似たようなタイトルの本がありましたね」

5つの要素とは、次の項目だ。

プログラムの運営
人材育成
練習計画
ゲームの戦略
モチベーション

「テーマに沿って、とても分かりやすく書かれているので、多くのヒントが得られると思います。チーム作りのポイントがすぐに把握できます」

【バスケットボール】

『ザ・ウィナーズ』（パット・ライリー・著）

パット・ライリーはＮＢＡ、ロサンゼルス・レイカーズ、ニューヨーク・ニックス、そしてマイアミ・ヒートでヘッドコーチを経験。レイカーズで4回、ヒートで1回、優勝している名将だ。

「どうやってチームを作り上げていくのか、そのメカニズムをここまで理解しているコーチには、私は今まで会ったことがありません。本の中の具体例を紹介すると、チームがまずいプレーをして負けたとする。そこでコーチは雷を落とすわけです。もちろん、その効果を期待しているわけですが、どちらに転ぶかは正直、分からない。でも、そこから僅差で勝ち始めたとする。これは、成長です。それが連勝につながっていったとしたら、今度はチームの『芯』を崩さないように次のプランニングをしなければならない」

一方で、チームが成長ではなく、停滞することも珍しくはない。そんなとき、コーチはどうするべきなのかについてもライリーは言及している。

「ニックス時代、チームが内部分裂している状態で、ライリーは、メンバー12人分の椅子を部屋に用意したんです。そこで、ライリーは何をしたかというと、椅子を4、2、3、2、1のグループに分けた。リーダー格の4人、反逆児、不平不満ばかりいうグループ、そして孤立している選手というように。ライリーは『このチームには問題がある』と切り出して、チームにくすぶっていた緊張関係を言葉ではなく、『視覚』として選手に理解させたんです。そして1時間をかけて全員で話し合い、問題の解決策を見つけ出し、それからチームの成績は好転しました。これはまさに『アート』です。選手に示し、気づきを促す」

実際に、エディーさんも同じような手法を使って選手たちに気づきを促したことがあったという。なぜ、自分はこの場所に座っているのか、選手たちはそのことを自問自答する。すると、自分に出来ることを模索するようになり、最終的にはチームに貢献できることを発見するものだという。

「選手個々が自分のことを見直す作業というのは、とても大切なことです。コーチはそのキッカケを与えるのが仕事です」

【サッカー】

『ペップ・グアルディオラ　キミにすべてを語ろう』（マルティ・パラルナウ・著）

かつてはバルセロナの選手として活躍し、そして監督として美しいサッカーを実現させた〝ペップ〟こと、グアルディオラ。現在のヨーロッパで最高のコーチに、スペイン生まれの記者が、バイエルン・ミュンヘンに帯同して書いたペップ公認の本。

記者は2013〜2014年のシーズンに密着し、チームの浮沈を間近で見る。ペップへの取材はほぼフリーパス。サッカーのマネージャーという仕事の難しさはこの本を読めば明らかになる。私が好きなペップの言葉を紹介する。

「そうだ、そこなんだよ。新しいコンセプトを理解して受け入れてもらうために、選手たちを夢中にさせて魅了することなんだ。モチベートするのではなく、魅了して、夢中にさせる」

〝The Vision of a Champion〟（アンソン・ドーランス／グロリア・アバーバック・共著）

これはアメリカ女子サッカー代表チームのヘッドコーチの本。1991年に中国で開催された第1回女子ワールドカップでアメリカは優勝したが、そのときにチームを率いていたのがノースカロライナ大学の女子サッカー部のヘッドコーチだったドーランスだ。

「これはとても参考になる本でした。実力がないチームを、どうやって一から作り上げていったか、そのプロセスがよく分かりました」

『サッカー データ革命　ロングボールは時代遅れか』（クリス・アンダーセン、デイビッド・サリー・共著）

本文中でも触れたが、サッカーのあらゆる「数字」を題材に、勢いのある文体で読ませる。最後には「サッカー界　10の予測」がついていて、「弱小チームからデータ革命が起きる」といったことや、「ファーガソンとベンゲルが引退するとき、絶対主義者の時代も終わりを迎えることになるだろう」と言い切り、分業制が到来するなど、興味深い分析が展開されている。

【テニス】

『新インナーゲーム』（ティモシー・ガルウェイ・著）

これは世界的に読まれているテニスのメンタル面での「教科書」的な存在だ。エディーさんはこの本を26歳のときに読んだという。
「選手としての人生を変えてくれた本です。これまで、たくさんの選手に手渡して読んでもらっています。私が学んだ大きなポイントは、たとえばミスをしてしまった場合の対処方法です。テニスはミスがつきものですからね。まずは、ミスを受け止める。そしてその責任を100％自分で引き受ける。誰のせいにもしない。そしてミスを受け入れたあとに、正しいことにフォーカス、集中していく。その整理方法が本当に参考になりました」

【人生について】

『モリー先生との火曜日』（ミッチ・アルボム・著）

この本は私も大好きな作品だ。『デトロイト・フリー・プレス』の人気スポーツライターであるアルボムはある日、テレビで大学時代の恩師がALSという神経性の難病に犯され、死期が近いことを知る。
それをきっかけにして、大学時代と同じように毎週「火曜日」に恩師のもとに通う生活が始まる――。

人生の意味について、深い問いかけが成されている作品である。

「人生というものが、どれほど貴重なものかをあらためて考えさせられます。自分の意見、考えをしっかりと持って、それに基づいて人生を歩んでいくことが大切だと書かれています。それが出来れば、自分が幸せになれる確率が高くなる。人間は誰しも死に向かって歩んでいますが、自分が歩みたい人生を歩んで息を引き取ることが出来れば、どれだけ幸せなのだろうか。そして、自分だけでなく、他人のためにも時間を費やすことの大切さが書かれてあります。これは人生のエッセンスだと思います」

他者のために時間を割くことで、自分の時間が豊かになる。そんなことを教えてくれる作品だ。

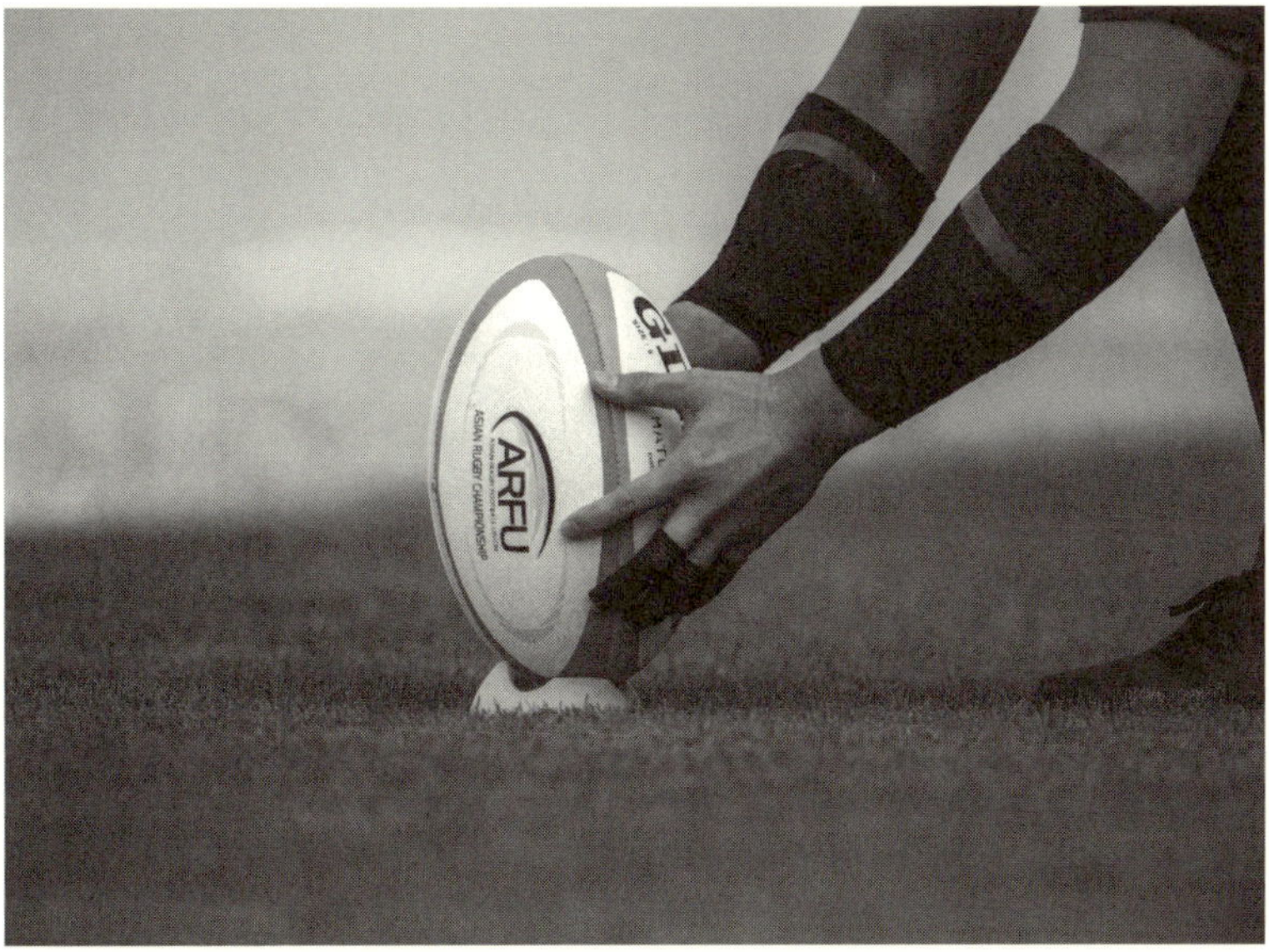

「驚かせるんだ、歴史を変えるんだ。
日本代表が世界の舞台で結果を残せば、
日本の文化は変わる」

エディー・ジョーンズ

協力　公益財団法人 日本ラグビーフットボール協会

生島 淳（いくしま・じゅん）

1967年、宮城県気仙沼出身。ノンフィクションライター。早稲田大学社会科学部卒業後、博報堂に入社。1999年に独立。メジャーリーグ、NBAなどのアメリカンスポーツ、ラグビー、水泳、陸上などを取材範囲とし、オリンピックは1996年のアトランタ大会から足を運ぶ。『スポーツ・グラフィック　ナンバー』での執筆や、NHK、TBSラジオ等にも出演。『スポーツを仕事にする！』『箱根駅伝 勝利の方程式』『気仙沼に消えた姉を追って』など著作多数。『ウサイン・ボルト自伝』では翻訳を務めた。

ラグビー日本代表《にほんだいひょう》ヘッドコーチ
エディー・ジョーンズとの対話《たいわ》
コーチングとは「信《しん》じること」

2015年8月30日　第1刷発行
2015年10月25日　第3刷発行

著　者　生島《いくしま》 淳《じゅん》
発行者　石井潤一郎
発行所　株式会社　文藝春秋
〒102-8008　東京都千代田区紀尾井町3-23
電話　03-3265-1211
印刷所　萩原印刷
製本所　加藤製本

ISBN978-4-16-390323-1